GRANDS **TEXTES**

sous la direc...

D1245384

# Dom Juan

## Molière

Notes, questionnaires et synthèses
adaptés par **Céline THÉRIEN,**
professeure au collège de Maisonneuve

établis par **Catherine DUFFAU,**
agrégée de Lettres modernes, professeure en lycée

*Texte conforme à l'édition des Grands Écrivains de la France.*

**Direction de l'édition**
*Isabelle Marquis*

**Direction de la production**
*Danielle Latendresse*

**Direction de la coordination**
*Rodolphe Courcy*

**Révision linguistique**
*Nicole Lapierre-Vincent*

**Correction d'épreuves**
*Odile Dallaserra*

**Conception et réalisation graphique**
*Interscript*

**Illustration de la couverture**
*Stéphane Jorisch*

Les Éditions CEC inc. remercient le gouvernement du Québec de l'aide financière accordée à l'édition de cet ouvrage par l'entremise du Programme de crédit d'impôt pour l'édition de livres, administré par la SODEC.

***Dom Juan,* collection *Grands Textes***
© 2008, Les Éditions CEC inc.
9001, boul. Louis-H.-La Fontaine
Anjou (Québec) H1J 2C5

Dépôt légal : 2008
Bibliothèque et Archives nationales du Québec
Bibliothèque et Archives Canada

ISBN 978-2-7617-2631-3

Imprimé au Canada
4 5 6 7 8 19 18 17 16 15

Imprimé sur papier contenant 100% de fibres recyclées postconsommation.

**Édition originale Bibliolycée**
© Hachette Livre, 2002, 43 quai de Grenelle, 75905 Paris Cedex 15, France.
*Tous droits de traduction, de reproduction et d'adaptation réservés pour tous pays.*

# Sommaire

Molière avec une plume d'oie.
Gravure d'Étienne-Frédéric Fragonard.

# PRÉSENTATION

*Aux yeux du lecteur actuel,*
*quel intérêt peut présenter Molière,*
*auteur du XVIIe siècle, et sa pièce* **Dom Juan**?

Le titre constitue en lui-même une invitation à la lecture : qui, en effet, ne connaît pas l'expression « c'est un Don Juan » pour désigner un séducteur, un homme à femmes ? On est forcé d'arriver à la déduction que ce type d'homme devait exister du temps de Molière et même bien avant lui. À cette époque qui est la nôtre de liberté sexuelle, la séduction comporte toujours autant d'attraits, mais elle a aussi ses revers.

Molière demeure le plus populaire des dramaturges français du XVIIe siècle, celui qui conserve la faveur du public des deux côtés de l'Atlantique. Ici, au Québec, des troupes de jeunes comédiens* tout autant que des théâtres institutionnalisés montent régulièrement ses pièces. En effet, on peut mettre Molière en scène sans grands moyens, transposer ses intrigues dans un cadre actuel, moderniser les costumes et les décors. Un jeune comédien aux allures anticonformistes peut aujourd'hui être retenu pour interpréter Don Juan en veste de cuir et chaussures de sport. Ce qui n'exclut pas pour autant la possibilité de respecter l'époque : le spectateur peut ainsi, à sa guise, se transporter en imagination au Palais-Royal et applaudir le spectacle aux côtés du roi Louis XIV, brillant de tout son faste.

Dans le répertoire de Molière, *Dom Juan* est une pièce au parcours étonnant. D'abord considérée comme secondaire, cette œuvre ne cesse depuis des siècles de susciter fascination et controverse. Son personnage central, Don Juan, en se chargeant de significations variées, prend au fil du temps figure de mythe : non seulement représente-t-il un certain type humain, mais il le fait en conservant une large part d'ambiguïté.

Au XVIIe siècle, Don Juan apparaît comme un libre penseur qui affronte Dieu, défie son père et scandalise son domestique. Au siècle suivant, on le perçoit comme un jouisseur qui préfère profiter des plaisirs terrestres plutôt que de chercher à obtenir

*: *Cf.* Glossaire

**Don Juan (David Boutin),
mise en scène de
Martine Beaulne, Théâtre
du Nouveau Monde, 2000.**

le salut éternel. Enfin, dans une vision plus moderne, il s'en trouve quelques-uns pour voir dans l'instabilité de Don Juan l'expression d'un malaise existentiel profond. Certains critiques vont même jusqu'à affirmer que Don Juan est un homosexuel qui s'ignore : il ne joue avec les femmes, qu'il fuit d'ailleurs, que pour se cacher à lui-même sa propre vérité. Toutes ces interprétations montrent bien à quel point Don Juan demeure un personnage énigmatique.

Don Juan assume le rôle d'un philosophe qui remet en question les idées reçues. Son vis-à-vis, Sganarelle, incarne, quant à lui, le bon sens populaire, non sans une certaine maladresse. Avec ses airs de simplet, ce personnage trouve moyen de tourner en fadaises les savantes argumentations de son maître. Ses défauts étant risibles, il est la principale source de comique de cette pièce.

Au sommet de son art, Molière entretient avec une grande maîtrise le mystère et le paradoxe tout en ne ménageant pas les moyens pour faire rire. Est-ce pour échapper à la censure qu'il laisse planer dans le dialogue une part de non-dit ? Le plaisir de la lecture s'en trouve décuplé : libre à nous, lecteurs, de débusquer les sens cachés ou de peser la valeur des arguments de Don Juan. Et pourquoi ne pas s'attribuer aussi le rôle de metteur en scène* et interagir perpétuellement avec le texte, afin de dégager des pistes d'analyse qui nous guideront dans la conception de la scénographie et la direction des comédiens ?

* : Cf. Glossaire

# Molière, toujours actuel

# Molière, sa vie, son œuvre

**Faut-il connaître la vie de Molière pour comprendre la pièce ?**

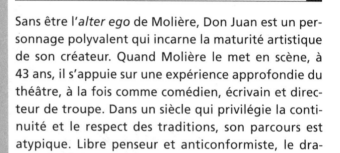

Sans être l'*alter ego* de Molière, Don Juan est un personnage polyvalent qui incarne la maturité artistique de son créateur. Quand Molière le met en scène, à 43 ans, il s'appuie sur une expérience approfondie du théâtre, à la fois comme comédien, écrivain et directeur de troupe. Dans un siècle qui privilégie la continuité et le respect des traditions, son parcours est atypique. Libre penseur et anticonformiste, le dramaturge présente des affinités avec son personnage, Don Juan.

Jean-Baptiste Poquelin (le vrai nom de Molière) naît le 15 janvier 1622 à Paris, ville qui constitue le centre du royaume de France, dans une famille à l'aise de tapissiers de père en fils. Sa mère meurt dix ans plus tard, laissant derrière elle cinq enfants ; le père se remarie l'année suivante. Alors que ce dernier s'attend, comme il était de tradition à l'époque, à ce que son fils lui succède, et qu'il assume, comme ses ancêtres, la charge de tapissier et de valet ordinaire du roi, le fils projette quant à lui d'étudier le droit. Il obtient sa licence en 1642. Accompagnant cette même année le roi Louis XIII, en remplacement de son père, il fait la connaissance de la troupe des Béjart, qui se déplace avec la cour. À son contact, il trouve sa vocation : il deviendra comédien en dépit de la réprobation de l'Église pour ceux qui exercent une profession considérée comme immorale. L'attrait des planches l'amène à rompre avec un destin tout tracé d'avance. Il prend alors le risque d'investir sa part d'héritage dans la fondation de l'Illustre Théâtre, dont la dénomination, comme on peut le voir, est à la hauteur de ses ambitions. En 1643, il prend la direction de cette troupe composée de dix comédiens, parmi lesquels se trouve Madeleine Béjart, dont il épousera plus tard la fille (Armande est peut-être aussi sa sœur). Après avoir fondé une famille – dont un des enfants a pour parrain le roi lui-même –, le couple finira par se séparer.

# L'apprentissage du métier

Adoptant le pseudonyme de Molière, le jeune homme commence donc sa carrière à Paris, mais tarde à percer dans un milieu où la compétition est féroce ; il fait face à des professionnels dont la réputation est bien établie. D'un insuccès à l'autre, les dettes s'accumulent. Molière fait même de la prison quelques jours en 1645. Se joignant alors à une autre troupe, celle de l'acteur Dufresne, Molière change de stratégie : il parcourt la France et se présente devant des publics très diversifiés. Il côtoie les gens du peuple, qui préfèrent souvent la farce à la comédie, mais joue aussi devant la noblesse de province, qui veut se mettre au diapason des goûts de la capitale. C'est en se montrant attentif aux réactions de ses auditoires que Molière se forme comme comédien : il parvient alors à étendre le registre de ses mimiques, de sa gestuelle. Il acquiert aussi tout un bagage de connaissances sur le caractère humain, la mentalité de ses compatriotes et leurs

**Valet**

Personnage archétypal de la farce et de la comédie ; il occupe la relation ambivalente du valet face au maître. Il est souvent affublé des défauts que la noblesse prête aux gens du peuple.

dialectes variés ainsi que sur les relations entre les différents groupes sociaux. À son insu, germe en lui toute une galerie de personnages représentatifs de la société française dans son ensemble et dotés de personnalités incomparables, mais auxquels il saura préserver une grande vraisemblance psychologique. Molière se distingue en effet de ses confrères Corneille et Racine, ses prestigieux contemporains, par le fait qu'il met en relation dans ses pièces des gens de tous les milieux : nobles, bourgeois, domestiques et paysans s'entre-croisent, se parlent dans leur dialecte respectif, s'accordent ou se provoquent. Dans la pièce *Dom Juan*, ce savoir-faire se trouve d'ailleurs illustré par le couple du valet* et de son maître.

## Le début de la gloire

Une troupe de théâtre ne peut survivre à Paris sans mécénat, c'est-à-dire sans la protection de nobles puissants. Ceux-ci entretiennent des artistes qui, en retour, contribuent à leur renommée. Dans une société encline au puritanisme, il arrive toutefois fréquemment que ces bienfaiteurs mettent un terme à leur générosité. Comme l'Église condamne les plaisirs terrestres, les mécènes craignent en effet, en subventionnant le théâtre, de mettre en danger leur salut éternel en allant contre la volonté des dévots. Ces derniers représentent une faction de croyants intransigeants qui jouissent d'appuis importants, notamment de celui d'Anne d'Autriche, mère de Louis XIV et régente de France, qui a assuré la transition après la mort de Louis XIII et en attendant l'accession de son fils au trône de France.

*: *Cf. Glossaire*

Comme directeur de troupe, Molière ne peut se soustraire à la responsabilité de trouver un mécène pour soutenir sa troupe. Certains lui font faux bond, par exemple au moment de leur conversion, et certains poussent même le zèle jusqu'à devenir de farouches adversaires du théâtre. Molière finit toutefois par obtenir la faveur de Philippe d'Orléans, prince très influent puisqu'il est le frère du roi. Fort de cet appui, il se présente à la cour pour y jouer une tragédie, genre dramatique le plus considéré à l'époque. L'accueil de la pièce est plutôt tiède. Molière enchaîne avec une farce, courte pièce comique, et provoque l'hilarité en multipliant mimiques et acrobaties diverses. Car Molière est un irrésistible comédien qui n'a pas son égal pour dérider un auditoire ! On lui offre alors d'occuper un théâtre royal, celui du Petit-Bourbon, en alternance avec les comédiens italiens, alors très en vogue en France pour leurs improvisations dans la *commedia dell'arte**.

## Commedia dell'arte

Jeu théâtral, inventé en Italie à la Renaissance, fondé sur l'improvisation d'acteurs incarnant des personnages types, un jeu physique outré, soutenu par l'usage de masques caricaturaux.

# L'exploration de genres variés

Dramaturge ambitieux, Molière souhaite la reconnaissance publique. Il éprouve la tentation de retourner à la tragédie, mais le peu de succès obtenu l'oblige à explorer la comédie ; il le fait cependant sous des formes diversifiées qu'il enchevêtre à volonté, non seulement pour multiplier les occasions de rire, mais aussi pour faire réfléchir. Dans la comédie d'intrigue*, il manie habilement le quiproquo en jouant sur le malentendu et la confusion entre les personnages. Dans la comédie de mœurs*, il caricature des traits de la mentalité de son époque, comme dans *Tartuffe*, où il

## Comédie d'intrigue

Pièce qui met l'accent sur l'action et sur ses rebondissements.

## Comédie de mœurs

Pièce qui se moque de traits de mentalité de l'époque.

* : Cf. Glossaire

**Comédie de caractère**

Pièce où le comique naît d'un conflit de personnalités entre des personnages.

dénonce la bigoterie, une forme de religiosité excessive. Dans la comédie de caractère*, comme c'est le cas du *Misanthrope*, il accentue le contraste entre deux personnalités, opposant à la rigueur logique d'Alceste l'art du compromis de Philinthe. D'autres pièces, comme *Le Malade imaginaire*, appartiennent au genre hybride de la comédie-ballet où s'entrecroisent texte, musique et danse dans le but de divertir.

Bien que classée dans la comédie, la pièce *Dom Juan* elle-même s'apparente, par plusieurs de ses caractéristiques, au genre de la tragi-comédie. Alors que la tragédie ne met en scène que des personnages de rang élevé, Molière donne comme interlocuteur au noble Don Juan son valet Sganarelle ; il a recours aux machines pour créer un effet de surprise ; enfin, le texte est en prose alors que ses grandes comédies classiques sont en vers. Le dénouement* déroge aussi aux normes comiques. Pour ces mêmes raisons, certains critiques considèrent plutôt *Dom Juan* comme une pièce d'avant-garde, annonçant un genre nouveau, le drame, qui apparaît au XVIIIe siècle – et qui sera bientôt privilégié par les romantiques, Victor Hugo en tête –, étant donné qu'il conjugue le tragique au comique comme, paraît-il, cela se passe dans la vraie vie…

**Dénouement**

Résolution d'une situation nouée par une série de péripéties.

Dans toutes ses pièces, Molière se met lui-même en scène. Inspiré par les comédiens italiens, il préconise un jeu corporel qui tire profit des caractéristiques physiques de l'acteur. À la fin de sa vie, il accentue sa démarche voûtée et ses toussotements pour provoquer le rire lorsqu'il se déplace sur scène, créant ainsi une impression d'épuisement, qui était réelle puisque les soucis l'accablaient et la maladie le consumait déjà. Il meurt en 1673, après avoir été pris de convulsions au moment de la

* : *Cf. Glossaire*

quatrième représentation du *Malade imaginaire*. Louis XIV empêche que son corps ne soit jeté à la fosse commune, sort réservé par l'Église aux comédiens non repentis. Ainsi, jusqu'à son enterrement, Molière n'aura pu échapper aux tensions entre les défenseurs du théâtre, parmi lesquels se trouve le roi lui-même, et ses détracteurs, laïcs et membres du clergé, animés d'une ferveur religieuse à la limite du fanatisme.

Comme plusieurs critiques l'affirment, on peut apprécier une œuvre littéraire sans avoir recours à la biographie de l'auteur, mais cette dernière contribue indubitablement, dans le cas de Molière, à nous éclairer sur les défis que cet auteur devait affronter dans son siècle. Pour faire vivre sa troupe, il devait plaire au roi et se ménager des alliés qui le protégeaient de ses rivaux; libre penseur, il devait se méfier des censeurs qui souhaitaient le réduire au silence en interdisant ses pièces, comme ce fut le cas notamment pour *Tartuffe*, pièce qui s'en prend à l'hypocrisie religieuse. Enfin, dans un siècle où la création littéraire était fortement encadrée et réglementée, où le genre qu'il pratiquait, la comédie, était dévalorisé par rapport à la tragédie, Molière devait se surpasser en renouvelant sa manière et son style d'une œuvre à l'autre pour plaire à un public exigeant, celui de la cour.

---

- Des trois dramaturges importants de l'époque, Molière est le seul à être à la fois écrivain, comédien et directeur de troupe, ce qui lui permet d'acquérir une connaissance vaste et approfondie du théâtre.
- Pour satisfaire des auditoires diversifiés, Molière approfondit son art et varie les sources de ses effets comiques.
- Parmi les dramaturges de son époque, Molière est le seul à représenter sur scène toutes les couches de la société française, domestiques, paysans, bourgeois et nobles.

À retenir

- Libre penseur, Molière compose avec plusieurs facteurs pour faire vivre sa troupe : contourner la censure, conserver la faveur du roi et renouveler le genre pour répondre aux attentes d'un public exigeant.

# Description de l'époque : la France du XVII<sup>e</sup> siècle

*Qu'importe-t-il de connaître de la France du XVIIe siècle ?*

# Quelques renseignements préliminaires

De tous les genres littéraires, le théâtre est souvent celui qui est le plus lent à prendre son envol puisqu'il implique non seulement la participation d'un écrivain, mais aussi celle de comédiens et d'un public, si ce n'est l'existence d'une institution ou d'un lieu où présenter le spectacle. En arrière-plan d'une œuvre aussi sophistiquée que celle de Molière, se trouve donc une société aussi complexe que celle de la France du XVIIe siècle. La population du pays est alors de vingt à vingt-deux millions d'habitants, ce qui en fait le pays le plus peuplé d'Europe après la Russie. À titre de comparaison, à la même époque, l'Amérique tout entière en est encore à l'étape de la colonisation. Et sur un territoire quatre fois plus grand que la France, le Québec d'aujourd'hui n'a pas encore franchi le cap des dix millions d'habitants.

Ainsi, plusieurs siècles d'histoire ont déjà contribué à façonner le visage d'une France par ailleurs très différente de celle que nous connaissons aujourd'hui. S'il existait une machine à voyager dans le temps, le choc serait grand de se retrouver au XVIIe siècle, dans un régime de monarchie absolue, où le pouvoir est légué par voie héréditaire, généralement de père en fils, alors que le concept de droits de l'homme est tout à fait inconnu. Au XVIIe siècle, la France n'est pas un État mais un royaume; le Français n'est pas citoyen de son pays mais sujet du roi. Les femmes sont considérées comme inférieures aux hommes, les hommes sont inégaux entre eux, la justice n'est pas la même pour tous (c'est même le règne de l'arbitraire) et personne n'exerce de droit de vote.

# Le contexte social

Hérité du Moyen Âge, le féodalisme* fournit le cadre de référence qui permet de comprendre la structure sociale. La société se divise en trois groupes qui se complètent par la fonction que chacun exerce. Au **clergé** revient le rôle de prier pour préserver les hommes de la colère de Dieu. La **noblesse** doit en principe assurer la protection du royaume et le roi en est issu; les revenus des seigneurs proviennent de leurs domaines où travaillent des **paysans**, qui constituent 95 % de la population et qui forment le Tiers-État. Les conditions de vie d'un groupe à l'autre varient énormément: le noble bénéficie de nombreux privilèges, notamment celui de ne pas payer d'impôt, alors que le paysan n'a aucun droit. Mal nourri et illettré, le paysan est souvent la première victime des grandes épidémies qui secouent la France périodiquement.

**Féodalisme**

Système politique et social fondé sur un rapport de dépendance du vassal au seigneur.

\* : *Cf.* Glossaire

La société féodale, stable en apparence, est menacée de l'intérieur par l'émergence de la **bourgeoisie**, classe formée de commerçants, d'artisans et de notables qui exercent leurs activités lucratives dans les bourgs, c'est-à-dire les villes. Cherchant à s'élever au-dessus de la masse, les bourgeois sont travaillants et ambitieux, contrairement aux nobles, qui ont pris goût à l'oisiveté depuis que Louis XIV, dans le but de les rendre inoffensifs, les a réduits à l'état de courtisans, principalement soucieux d'étiquette ou d'autres futilités. Beaucoup des ministres de Louis XIV sont issus de la bourgeoisie.

Qu'en est-il de la situation de la femme ? Cette période est marquée par une certaine émancipation féminine dans les milieux privilégiés. Des mondaines, qu'on appelle « les précieuses », proposent un idéal féministe associé aux belles manières et au raffinement. Les précieuses souhaitent aussi qu'on reconnaisse aux femmes leur intelligence et qu'on leur donne accès à une formation intellectuelle de qualité, tout en leur donnant la liberté de choix, notamment au moment de se marier. Même s'il se moque de leur maniérisme dans *Les Précieuses ridicules*, Molière se montre sensible ailleurs dans son œuvre au drame des jeunes filles qu'on marie de force à des hommes beaucoup plus âgés qu'elles, sous peine de les faire religieuses si elles refusent.

**À retenir**

- La complémentarité relativement stable depuis le Moyen Âge entre la noblesse, le clergé et les paysans risque d'être ébranlée par la montée de la bourgeoisie.

- Le mode de vie idéal est celui de la noblesse ; les valeurs dont on se moque sont celles de la bourgeoisie, issue du peuple.

**En 1661, à la mort de Mazarin,
Louis XIV décide de gouverner seul, sans Premier ministre.**

# Le contexte politique

En France, au XVII<sup>e</sup> siècle, un roi tient son pouvoir de Dieu et n'a de comptes à rendre qu'à Dieu. Un roi ne peut être démis : seule la mort met un terme à son règne. Son pouvoir est transmis à son fils, à défaut de quoi il est transmis à l'héritier mâle considéré comme le plus proche parent dans la lignée.

Louis XIII meurt en 1643, alors que son fils, celui qu'on surnommera le Roi-Soleil, Louis XIV, n'a que cinq ans. Louis XIII avait su résister aux complots des grands seigneurs toujours envieux des prérogatives royales. Richelieu, son ministre avisé, avait centralisé le pouvoir en exerçant un plein contrôle sur la police. C'est Anne d'Autriche, l'épouse de Louis XIII, qui assure la régence, c'est-à-dire qu'elle se charge de la gestion du royaume jusqu'à l'accession de son fils au trône. Mazarin, son ministre, réussit à son tour, malgré son impopularité, à mater les mouvements de rébellion jusqu'à leur épisode le plus virulent, celui de la Fronde, qui aurait pu dégénérer en guerre civile. Se remémorant cet événement de son enfance, Louis XIV réduira les nobles à l'impuissance, les enfermant dans une cage dorée, le palais de Versailles, tout en les maintenant en état de rivalité constante, à l'affût de la faveur royale. En revanche, c'est au sein de la bourgeoisie que Louis XIV choisira ses ministres, qui contribueront en retour, par leurs multiples talents, à assurer la stabilité de la monarchie absolue.

# Les contextes religieux et idéologique

En sol américain, il n'y a rien d'équivalent aux guerres de religion qui secouent l'Europe depuis la Réforme, commencée par Calvin et Luther et qui a donné naissance au protestantisme. Depuis la Renaissance, les crimes perpétrés au nom de la foi sont nombreux, le grand-père de Louis XIV ayant lui-même été assassiné en 1610, soit à peine douze ans avant la naissance de Molière. En révoquant l'Édit de Nantes, qui permettait la liberté religieuse, Louis XIV choisit la voie de l'intolérance, ce qui entraîne de nombreux massacres de protestants qui refusent de se convertir.

Dans ce contexte, plusieurs factions catholiques ont tendance à tomber dans la surenchère pour combattre l'immoralité. C'est le cas, par exemple, de la compagnie du Saint-Sacrement, une société religieuse qui s'est fixé comme mission de lutter contre l'impiété. Plusieurs intellectuels, notamment le mathématicien et écrivain Blaise Pascal, adhèrent aussi au jansénisme, une doctrine religieuse qui prône un puritanisme rigoureux et pessimiste. L'Église, quant à elle, exerce un contrôle rigoureux sur les consciences, notamment par le biais de la confession qui oblige les catholiques à révéler leurs fautes au prêtre.

Toutefois, le courant libertin permet à ses adhérents de prendre des distances par rapport à la pensée dominante, et même de la critiquer. Un libertin passe au crible de la logique les croyances établies. Il se méfie des superstitions et refuse de sacrifier le bonheur terrestre au salut éternel. Comme la morale religieuse exerce peu d'emprise sur le libertin, le mot a pris un deuxième sens qui tend à se substituer au premier, celui d'un homme qui se complaît dans le plaisir charnel. Parallèlement, René Descartes (1596-1650), en adoptant une démarche de savant qui refuse de se plier aux dogmes et à l'autorité de l'Église dans le domaine des sciences, fournit aussi des bases à l'esprit critique.

Le peuple, majoritairement composé d'analphabètes, vit à l'écart de ces conflits d'idées à caractère philosophique. Sa foi est naïve et il se laisse facilement impressionner par les phénomènes surnaturels. Croyant, certes, mais surtout crédule, il ne doute ni des spectres qui reprennent vie, ni des sorcières, et voit en toute catastrophe naturelle une punition de Dieu.

**À retenir**

- La préciosité et le libertinage sont des courants de pensée qui s'opposent au puritanisme rigide de ceux qu'on appelle les dévots.
- Au XVIIe siècle, les manifestations surnaturelles apparaissent plus crédibles qu'elles ne le sont aujourd'hui, époque de plus grande rationalité.

# L'art et la littérature

Aux yeux de Richelieu, l'art ne peut avoir qu'une seule fonction, servir le pouvoir, c'est-à-dire essentiellement illustrer la gloire du souverain.

Nicolas Poussin (1594-1665) est, en peinture, le plus prestigieux représentant du classicisme : on observe une perpétuelle quête d'harmonie dans ses paysages tout autant que dans ses toiles s'inspirant de sujets mythologiques, très prisés depuis la Renaissance, qui a remis l'Antiquité gréco-romaine à la mode. Lully excelle dans la musique de cour et traduit aussi l'esprit du classicisme par son goût des normes. L'architecture favorise l'équilibre des formes et des volumes dans l'esprit classique, alors que le décor peut glisser vers une relative exubérance, montrant ainsi la persistance de l'influence baroque en art. Avec l'édification du château de Versailles, Charles Le Brun (1619-1690) contribue à imposer le style français en Europe.

Deux courants artistiques se font donc concurrence au XVIIe siècle. Le baroque exerce son influence partout en Europe et marque l'art français, plus particulièrement sous le règne de Louis XIII, au début du siècle. Le classicisme domine nettement sous le règne de Louis XIV, dans la deuxième moitié du siècle. Au point de vue littéraire, leurs caractéristiques peuvent être synthétisées de la façon suivante :

# Tableau des courants artistiques au XVIIᵉ siècle

| Courant baroque | Courant classique |
|---|---|
| • Influence dominante au début du XVIIᵉ siècle, dans toute l'Europe. | • Influence dominante en France sous le règne de Louis XIV. |
| • Héros* inconstants, déchirés, susceptibles de se déguiser ou de se métamorphoser en cours d'action, qui adhèrent aux valeurs chevaleresques, qui ont le goût de l'héroïsme et qui cultivent l'ambiguïté. | • Héros qui calquent leurs valeurs sur celles de l'honnête homme, toujours dans la juste mesure, entre honneur et devoir. De rang élevé dans la tragédie, d'origine bourgeoise dans la comédie. |
| • Mélange des genres, le tragique se mêlant au comique (la tragicomédie) dans le but de traduire le malaise de l'être humain devant un monde en bouleversement. Foisonnement des anecdotes. | • Séparation des genres et respect des contraintes de composition, notamment la règle des trois unités, celles de lieu (un seul lieu), de temps (une journée) et d'action (une ligne directrice), pour traduire une impression de stabilité, celle de la monarchie absolue. |
| • Virtuosité stylistique, prolifération des figures de style et tendance au langage précieux*, orné. Intensité dans l'expression des sentiments, goût pour tout ce qui est excessif. | • Sobriété dans l'expression des sentiments, qui doivent demeurer dans les limites de la bienséance, c'est-à-dire de la décence morale. Style épuré, clarté et précision du lexique. |
| • Prédilection pour les effets de mise en scène, pour les changements de décor, pour les pièces à machines. | • Mise en scène solennelle qui met l'accent sur le caractère cérémoniel de la représentation, dans le but de servir la gloire du roi. |
| • But par rapport au spectateur : créer un effet de surprise, l'impressionner. | • Désir de plaire au spectateur pour mieux l'instruire des valeurs et des comportements socialement souhaitables. |

\* : *Cf.* Glossaire

# Présentation de la pièce

> Premièrement, quels liens peut-on établir
> entre l'ensemble de ces connaissances
> et la pièce Dom Juan ?
>
> Deuxièmement, en quoi ces connaissances
> peuvent-elles contribuer à une meilleure
> compréhension de la pièce ?

La connaissance de l'époque est incontournable pour apprécier la pièce à sa juste valeur, tout autant que pour lui donner une résonance moderne, comme le confirme la vision suivante d'un metteur en scène actuel :

« *Dom Juan*, c'est l'histoire d'un libertin, d'un homme résolument traître à sa classe, et progressiste, qui vit en contradiction avec sa morale et sa situation sociale, et travaille à l'érosion du vieux monde féodal. Mais il a besoin de ce vieux monde pour vivre et, coincé dans ses contradictions, c'est un chercheur qui ne peut aller bien loin dans sa destruction de la société. Au lieu d'être un immoral triomphant, il est une sorte d'intellectuel qui n'a pas beaucoup de moyens pour changer le monde et qui, à la fin, renonce et préfère se changer, lui. » Patrice Chéreau, metteur en scène français (propos cités dans *Dom Juan*, Bibliolycée).

## Lien avec la description de l'époque

Dans la pièce *Dom Juan*, Molière a placé des représentants de tous les milieux sociaux, dont les valeurs et les intérêts sont différents. Ainsi, les **gentilshommes** portent des titres de noblesse, ce qui se traduit ici par l'ajout de *don* devant leur prénom. Dans la pièce, celui qui exprime le mieux le code moral de cette classe est

Don Carlos. Pour lui, l'honneur du clan familial doit passer avant tout ; aussi faut-il venger la sœur trompée et délaissée par Don Juan. Cette dernière, Done Elvire, affronte avec détermination son mari volage, témoignant ainsi de la sensibilité de Molière à la cause des femmes. Quant à Don Juan lui-même, bien qu'il conserve certains traits généralement attribués aux nobles, comme la vaillance, il semble se comporter comme un renégat qui trahit les idéaux de sa caste, raison pour laquelle il est rejeté par son père. Considéré dans une autre perspective, Don Juan peut être vu comme un progressiste qui annonce un changement dans les mœurs ou la fin de la société féodale.

Monsieur Dimanche, venu réclamer de l'argent à Don Juan, représente la **bourgeoisie**, la classe montante qui menace les intérêts de la noblesse. Dans un théâtre qui s'adresse d'abord aux courtisans, les bourgeois sont alors les dindons de la farce, ceux dont on se moque et qu'on bafoue. Même s'il provient lui-même de la bourgeoisie, Molière discrédite les valeurs de cette classe. Au siècle suivant, les philosophes des Lumières dénonceront le parasitisme de la noblesse et accorderont plus d'importance au mérite personnel qu'aux privilèges de naissance.

Enfin, le **peuple** est représenté à la fois par les **domestiques** et par les **paysans**. Le valet Sganarelle illustre bien la situation inconfortable de celui qui est le confident* d'un maître à qui il ne peut s'opposer qu'à ses risques et périls. Peu instruit, il discute à tort et à travers tout en parvenant, par l'exagération et la caricature, à saboter certains arguments de Don Juan. Les paysans Pierrot, Charlotte et Mathurine présentent tous trois une vision nuancée de leur milieu d'origine :

**Confident**

Dans le théâtre classique, personnage à qui le héros se confie, permettant ainsi au spectateur de connaître les intentions secrètes de ce dernier.

* : *Cf.* Glossaire

# La pièce

Pierrot se méfie des gentilshommes à juste titre alors que les deux femmes semblent sensibles à l'idée d'une ascension sociale par le mariage. Par ailleurs, leur façon de parler est d'un grand intérêt pour un lecteur québécois puisqu'elle permet d'imaginer comment pouvaient s'exprimer certains des premiers colons venus s'installer en Nouvelle-France à la même époque.

Au point de vue idéologique, la pièce nage dans l'ambiguïté. Dans *Tartuffe,* sa pièce précédente, Molière avait pris le risque de s'attaquer à l'hypocrisie des dévots. Ces derniers se sont vengés en la faisant interdire de représentation, obligeant ainsi Molière à composer de toute urgence *Dom Juan* pour combler le manque à gagner de sa troupe. Son héros*, Don Juan, y expose tout à sa guise ses idées libertines sans rencontrer d'interlocuteurs capables de mettre un frein à ses raisonnements. Il est toutefois puni à la fin, mais les adversaires du dramaturge ne sont pas dupes du procédé. Don Juan choque et provoque.

Est-ce pour cette raison que la pièce est rapidement retirée de l'affiche et qu'elle ne sera plus jamais montée du temps de Molière? Pratiquement reléguée aux oubliettes, elle sera reprise dans son intégralité en 1947 par un metteur en scène* prestigieux, Louis Jouvet, qui la remet au goût du jour. Elle est devenue depuis ce jour une des pièces les plus jouées de Molière.

## Héros

Personnage principal du texte. Peut aussi être appelé «protagoniste». (Note: noble déchu, Don Juan est un héros paradoxal puisqu'il est impossible de le donner en exemple.)

## Metteur en scène

Celui qui est responsable de l'organisation de la représentation, soit tout ce qui concerne le choix et la direction des comédiens, et la scénographie.

* : *Cf.* Glossaire

# Liens avec les courants artistiques et littéraires de l'époque

La pièce *Dom Juan* présente l'intérêt particulier d'illustrer les caractéristiques tant des courants baroque que classique, telles qu'elles sont formulées dans le tableau qui présente la synthèse de leurs caractéristiques (voir p. 22).

**Pour cerner le caractère classique de la pièce**, il faut être en mesure de la comparer à des écrits antérieurs portant sur le même sujet. Pour écrire *Dom Juan*, Molière s'est inspiré d'une pièce signée par un dramaturge espagnol, Tirso de Molina, d'ailleurs reprise et adaptée par des auteurs italiens en versions abrégées. Au XVIIᵉ siècle, il est en effet fréquent de puiser ses intrigues dans des œuvres existantes, car l'originalité n'est pas un critère pour juger de la qualité d'une œuvre. Par rapport à ses prédécesseurs, Molière condense l'action de la pièce et réduit le nombre de personnages. Il se rapproche de l'unité de temps et d'action. Le lieu de l'intrigue est la Sicile, ce qui nous rapproche de l'unité de lieu. Pour servir le discours polémique\* de Don Juan, il opte pour la prose, plus malléable que le vers. Dans l'usage qu'il fait de la langue, il y a toutefois variation de registres\* (niveaux de langue utilisés : soutenu, courant et familier). Par ailleurs, comme la langue du XVIIᵉ siècle présente aussi des difficultés puisque l'usage des mots et leur sens diffèrent fréquemment de ceux d'aujourd'hui, il peut s'avérer difficile de se prononcer sur la qualité générale

## Polémique

Tonalité liée à un débat d'idées vif et agressif.

## Registre

Ensemble des caractéristiques d'un texte visant à créer une réaction émotionnelle particulière chez le destinataire.

26

\* : *Cf.* Glossaire

du style. Malgré tout, le lecteur est en mesure de constater que la tendance est plutôt à la retenue du style, trait supplémentaire qui témoigne de l'influence du classicisme sur l'œuvre.

**L'influence baroque** réside dans l'ambiguïté de la forme et du contenu. Bien que Molière lui-même ait classé son œuvre dans la comédie, il lui donne pourtant un héros d'origine noble, finalement vaincu par un spectre. Ce héros anticonformiste séduit mais repousse également : il trompe les femmes, bafoue son père, pousse un pauvre au blasphème. Son cynisme* constitue aussi un affront aux conventions, aux idées reçues. Don Juan a l'énergie de la jeunesse ; il a aussi le cran de ne pas se plier à une moralité souvent hypocrite. Finalement, la pièce, écrite en prose, ne peut prétendre s'élever jusqu'à la tragédie, le genre illustre par excellence. Par ses tonalités* composites, entre gravité et légèreté, par la place qu'elle accorde au surnaturel*, par son amalgame linguistique (les patois côtoyant le registre correct), elle prend donc des allures d'œuvre hybride, oscillant entre tragi-comédie et drame.

Inscrites dans l'œuvre, plusieurs pistes d'interprétation s'ouvrent ainsi au lecteur, qui sera lui-même influencé par les valeurs de la société dans laquelle il vit. Robert Lévesque, critique de théâtre québécois, remarque que la tendance chez les jeunes metteurs en scène est de faire interpréter Don Juan par des comédiens aptes à traduire une rébellion juvénile, des « jouisseurs, jeunes de cœur et d'allure », qui semblent se moquer des conséquences sur les femmes de leurs « séductions trompeuses » (*Le Devoir*, janvier 1994). Ainsi, le mythe de Don Juan se régénère et contribue à affirmer la fascination qu'exerce toujours la pièce de Molière.

**Cynisme**

Expression brutale d'affirmations immorales.

**Tonalité**

Ensemble des caractéristiques d'un texte visant à créer une réaction émotionnelle particulière chez le destinataire.

**Surnaturel**

Qui ne peut s'expliquer de façon naturelle.

* : *Cf.* Glossaire

Molière en son temps

| | Vie et œuvre de Molière | Événements historiques | Événements culturels et scientifiques |
|---|---|---|---|
| **1600** | | | Shakespeare, *Hamlet*. |
| **1605** | | | (⇨ 18) Développement de l'observation des astres : formulation par Kepler des lois du mouvement des planètes ; introduction de la lunette astronomique par Galilée.<br>Malherbe, *Odes*.<br>(⇨ 15) Cervantès, *Don Quichotte*. |
| **1607** | | | Naissance de l'opéra : Monteverdi, *Orfeo*. |
| **1608** | | Fondation de la ville de Québec. | |
| **1609** | | | Apogée de la peinture baroque flamande : Rubens, *Adoration des mages*. |
| **1610** | | Assassinat d'Henri IV.<br>(⇨ 17) Régence de Marie de Médicis. | |
| **1617** | | (⇨ 43) Règne de Louis XIII, le Juste. | |
| **1622** | Naissance de Jean-Baptiste Poquelin à Paris. | | |
| **1624** | | (⇨ 42) Richelieu, ministre de Louis XIII. | |

| | Vie et œuvre de Molière | Événements historiques | Événements culturels et scientifiques |
|---|---|---|---|
| 1635 | | La France s'engage dans la guerre de Trente Ans. | Création de l'Académie française. |
| 1636 | Entrée au collège de Clermont. | | Corneille, Le Cid. |
| 1637 | | | Développement du rationalisme français : Descartes, Discours de la méthode. |
| 1642 | (42 ⇨ 43) Fondation de l'Illustre-Théâtre. Jean-Baptiste Poquelin devient Molière. | Fondation de Montréal. | Début du classicisme chez les peintres français : Le Brun, Poussin et de Lorrain. (⇨ 87) Développement des sciences mathématiques : invention de la machine à calculer par Pascal. |
| 1643 | | Mort de Richelieu et de Louis XIII. (⇨ 61) Régence d'Anne d'Autriche et ministère de Mazarin. | |
| 1645 | Début des tournées provinciales de Molière. | | |
| 1648 | | (⇨ 52) La Fronde. | |
| 1658 | Retour de Molière à Paris. | | |

| | Vie et œuvre de Molière | Événements historiques | Événements culturels et scientifiques |
|---|---|---|---|
| 1659 | *Les Précieuses ridicules.* | Fin de la guerre de Trente Ans. | |
| 1660 | *Sganarelle.* | | Pascal, *Pensées* (⇨ 62). |
| 1661 | | (⇨ 1715) Règne de Louis XIV, Roi-Soleil. Mort de Mazarin. | Début des travaux du palais de Versailles. |
| 1662 | *L'École des femmes.* Mariage avec Armande Béjart. | | |
| 1664 | Interdiction du *Tartuffe.* | | Racine, *La Thébaïde.* |
| 1665 | *Dom Juan.* | Peste de Londres. | La Rochefoucauld, *Les Maximes.* |
| 1666 | *Le Misanthrope. Le Médecin malgré lui.* | Mort d'Anne d'Autriche. | Boileau, *Satires.* |
| 1667 | | | Milton, *Le Paradis perdu.* |
| 1668 | *Amphitryon. Georges Dandin. L'Avare.* | | La Fontaine, *Fables.* |
| 1670 | *Le Bourgeois gentilhomme.* | | |

| | Vie et œuvre de Molière | Événements historiques | Événements culturels et scientifiques |
|---|---|---|---|
| **1671** | *Psyché.*<br>*Les Fourberies de Scapin.* | | M<sup>me</sup> de Sévigné, début de sa correspondance, *Lettres.* (⇨ 1726) |
| **1672** | *Les Femmes savantes.* | | M<sup>me</sup> de La Fayette, *La Princesse de Clèves.* (⇨ 77) |
| **1673** | *Le Malade imaginaire.*<br>Mort de Molière. | | Création de l'Académie d'architecture.<br>Premier opéra de Lully. |
| **1674** | | | Boileau, *L'Art poétique.* |
| **1677** | | | Racine, *Phèdre.* |

# Dom¹ Juan ou Le Festin de Pierre

Molière

---

**1.** Titre de noblesse espagnol placé devant le prénom. La graphie « dom » est habituelle au XVIIᵉ siècle. Elle est aujourd'hui réservée aux religieux. On a l'habitude de conserver « Dom » pour le titre de la pièce et d'écrire « Don » pour le personnage.

# PERSONNAGES

DON JUAN, *fils de Don Louis.*
SGANARELLE, *valet de Don Juan.*
ELVIRE, *femme de Don Juan.*
GUSMAN, *écuyer d'Elvire.*
DON CARLOS,
DON ALONSE, *frères d'Elvire.*
DON LOUIS, *père de Don Juan.*
FRANCISQUE, *pauvre.*
CHARLOTTE,
MATHURINE, *paysannes.*
PIERROT, *paysan.*
LA STATUE DU COMMANDEUR.
LA VIOLETTE,
RAGOTIN, *laquais de Don Juan.*
MONSIEUR DIMANCHE, *marchand.*
LA RAMÉE, *spadassin.*
Suite de Don Juan.
Suite de Don Carlos et de Don Alonse, *frères.*
Un Spectre.

*La scène est en Sicile.*

# Acte 1

## Scène 1

SGANARELLE, GUSMAN

SGANARELLE, *tenant une tabatière* – Quoi que puisse dire Aristote[1]
et toute la philosophie, il n'est rien d'égal au tabac : c'est la
passion des honnêtes gens, et qui vit sans tabac n'est pas digne
de vivre. Non seulement il réjouit et purge les cerveaux[2]
humains, mais encore il instruit les âmes à la vertu, et l'on
apprend avec lui à devenir honnête homme. Ne voyez-vous pas
bien, dès qu'on en prend, de quelle manière obligeante on en
use avec tout le monde, et comme on est ravi d'en donner à
droit et à gauche, partout où l'on se trouve ? On n'attend pas
même qu'on en demande, et l'on court au-devant du souhait des
gens : tant il est vrai que le tabac inspire des sentiments d'honneur et de vertu à tous ceux qui en prennent. Mais c'est assez
de cette matière. Reprenons un peu notre discours. Si bien

**notes** ························································

**1. Aristote :** un des plus
grands philosophes grecs
(384-322 av. J.-C.) qui n'a
donc pu parler du tabac

importé en Europe à la fin
du XVIe siècle.
**2. purge les cerveaux :**
dégage le cerveau en faisant

éternuer. Il s'agit de tabac
à priser, râpé très fin et
que l'on introduisait
dans les narines.

donc, cher Gusman, que Done[1] Elvire, ta maîtresse, surprise de
notre départ, s'est mise en campagne après nous[2], et son cœur,
que mon maître a su toucher trop fortement, n'a pu vivre, dis-
tu, sans le venir chercher ici. Veux-tu qu'entre nous je te dise
ma pensée ? J'ai peur qu'elle ne soit mal payée de son amour,
que son voyage en cette ville produise peu de fruit, et que vous
eussiez autant gagné à ne bouger de là.

GUSMAN – Et la raison encore ? Dis-moi, je te prie, Sganarelle,
qui[3] peut t'inspirer une peur d'un si mauvais augure[4] ? Ton
maître t'a-t-il ouvert son cœur là-dessus, et t'a-t-il dit qu'il eût
pour nous[5] quelque froideur qui l'ait obligé à partir ?

SGANARELLE – Non pas, mais, à vue de pays[6], je connais à peu
près le train des choses[7], et, sans qu'il m'ait encore rien dit, je
gagerais presque que l'affaire va là[8]. Je pourrais peut-être me
tromper ; mais enfin, sur de tels sujets, l'expérience m'a pu
donner quelques lumières.

GUSMAN – Quoi ! ce départ si peu prévu serait une infidélité de
Don Juan ? Il pourrait faire cette injure aux chastes feux[9] de
Done Elvire ?

SGANARELLE – Non, c'est qu'il est jeune encore, et qu'il n'a pas
le courage...

GUSMAN – Un homme de sa qualité[10] ferait une action si lâche ?

SGANARELLE – Eh oui, sa qualité ! la raison en est belle, et c'est
par là qu'il s'empêcherait[11] des choses !

**notes**

**1. Done :** francisation du titre espagnol *Doña*, équivalent de « dame ».

**2. s'est mise en campagne après nous :** est partie à notre poursuite.

**3. qui :** ce qui.

**4. augure :** présage.

**5. pour nous :** le valet Gusman se sent personnel-lement concerné par les

relations entre Don Juan et Done Elvire, ce qui produit un effet comique.

**6. à vue de pays :** à première vue.

**7. je connais à peu près le train des choses :** je sais à peu près ce qu'il en est.

**8. je gagerais presque que l'affaire va là :** je parierais qu'il en est ainsi.

**9. chastes feux :** pur amour ; ce trait de langage précieux est comique dans la bouche du valet.

**10. de sa qualité :** de son rang. Un tel comportement est indigne d'un grand aristocrate tel que Don Juan.

**11. s'empêcherait :** s'interdirait.

GUSMAN – Mais les saints nœuds[1] du mariage le tiennent engagé.

SGANARELLE – Eh ! mon pauvre Gusman, mon ami, tu ne sais pas
40 encore, crois-moi, quel homme est Don Juan.

GUSMAN – Je ne sais pas, de vrai, quel homme il peut être, s'il faut
qu'il nous ait fait cette perfidie ; et je ne comprends point
comme, après tant d'amour et tant d'impatience témoignée,
tant d'hommages pressants, de vœux, de soupirs et de larmes,
45 tant de lettres passionnées, de protestations[2] ardentes et de serments réitérés[3], tant de transports[4] enfin et tant d'emportements
qu'il a fait paraître, jusqu'à forcer, dans sa passion, l'obstacle sacré
d'un convent[5], pour mettre Done Elvire en sa puissance[6], je ne
comprends pas, dis-je, comme après tout cela il aurait le cœur
50 de pouvoir manquer à sa parole.

SGANARELLE – Je n'ai pas grande peine à le comprendre, moi ; et
si tu connaissais le pèlerin[7], tu trouverais la chose assez facile
pour lui. Je ne dis pas qu'il ait changé de sentiments pour Done
Elvire, je n'en ai point de certitude encore : tu sais que, par son
55 ordre, je partis avant lui, et depuis son arrivée il ne m'a point
entretenu[8] ; mais, par précaution, je t'apprends *inter nos*[9], que tu
vois en Don Juan, mon maître, le plus grand scélérat que la terre
ait jamais porté, un enragé, un chien, un diable, un Turc, un
hérétique[10], qui ne croit ni Ciel, ni enfer, ni loup-garou, qui
60 passe cette vie en véritable bête brute, un pourceau d'Épicure[11],

**notes**

1. **nœuds** : liens.
2. **protestations** : déclarations.
3. **réitérés** : répétés.
4. **transports** : manifestations de passion.
5. **convent** : couvent.
6. **pour mettre Done Elvire en sa puissance** : pour se rendre maître de Done Elvire.

7. **pèlerin** : individu.
8. **entretenu** : parlé.
9. *inter nos* : expression latine signifiant « entre nous ». Sganarelle joue le personnage instruit.
10. **hérétique** : personne qui interprète de façon déviante certains préceptes religieux.

11. **Épicure** : moraliste grec (341-270 av. J.-C.) qui prescrivait de vivre selon les lois de la nature. Sganarelle croit à tort que ce philosophe nous pousse à suivre nos instincts les plus bas et à vivre comme le ferait un animal, un porc (pourceau).

un vrai Sardanapale[1], qui ferme l'oreille à toutes les remontrances qu'on lui peut faire, et traite de billevesées[2] tout ce que
nous croyons. Tu me dis qu'il a épousé ta maîtresse : crois qu'il
aurait plus fait pour sa passion, et qu'avec elle il aurait encore
65 épousé toi, son chien et son chat. Un mariage ne lui coûte rien
à contracter ; il ne se sert point d'autres pièges pour attraper les
belles, et c'est un épouseur à toutes mains[3] ! Dame, demoiselle,
bourgeoise, paysanne, il ne trouve rien de trop chaud ni de trop
froid pour lui ; et si je te disais le nom de toutes celles qu'il a
70 épousées en divers lieux, ce serait un chapitre à durer jusques au
soir. Tu demeures surpris et changes de couleur à ce discours ;
ce n'est là qu'une ébauche du personnage, et, pour en achever
le portrait, il faudrait bien d'autres coups de pinceau. Suffit qu'il
faut que le courroux[4] du Ciel l'accable quelque jour ; qu'il me
75 vaudrait bien mieux d'être au diable que d'être à lui[5], et qu'il
me fait voir tant d'horreurs, que je souhaiterais qu'il fût déjà je
ne sais où. Mais un grand seigneur méchant homme est une
terrible chose ; il faut que je lui sois fidèle, en dépit que j'en aie[6] :
la crainte en moi fait l'office du zèle[7], bride mes sentiments[8],
80 et me réduit d'applaudir[9] bien souvent à ce que mon âme
déteste. Le voilà qui vient se promener dans ce palais : séparons-
nous. Écoute au moins : je t'ai fait cette confidence avec
franchise, et cela m'est sorti un peu bien vite de la bouche ;
mais, s'il fallait qu'il en vînt quelque chose à ses oreilles, je dirais
85 hautement que tu aurais menti.

## notes

1. **Sardanapale** : roi
légendaire d'Assyrie dont
l'existence était dominée
par la recherche acharnée
du plaisir.

2. **billevesées** : propos
stupides.

3. **épouseur à toutes mains** :
homme prêt à épouser
n'importe quelle femme.

4. **courroux** : colère.

5. **il me vaudrait bien mieux
d'être au diable que d'être
à lui** : il vaudrait bien mieux
pour moi servir le diable
que Don Juan.

6. **en dépit que j'en aie** :
malgré tout.

7. **fait l'office du zèle** :
remplace le désir de bien
servir.

8. **bride mes sentiments** :
m'empêche de dire ce que
je pense.

9. **me réduit d'applaudir** :
m'oblige à applaudir.

# Scène 2                    DON JUAN, SGANARELLE

DON JUAN – Quel homme te parlait là ? Il a bien de l'air, ce me semble, du bon Gusman de Done Elvire ?

SGANARELLE – C'est quelque chose aussi à peu près de cela.

DON JUAN – Quoi ! c'est lui ?

90 SGANARELLE – Lui-même.

DON JUAN – Et depuis quand est-il en cette ville ?

SGANARELLE – D'hier au soir.

DON JUAN – Et quel sujet l'amène ?

SGANARELLE – Je crois que vous jugez[1] assez ce qui le peut
95 inquiéter.

DON JUAN – Notre départ sans doute ?

SGANARELLE – Le bonhomme en est tout mortifié[2], et m'en demandait le sujet.

DON JUAN – Et quelle réponse as-tu faite ?

100 SGANARELLE – Que vous ne m'en aviez rien dit.

DON JUAN – Mais encore, quelle est ta pensée là-dessus ? Que t'imagines-tu de cette affaire ?

SGANARELLE – Moi, je crois, sans vous faire tort, que vous avez quelque nouvel amour en tête.

105 DON JUAN – Tu le crois ?

SGANARELLE – Oui.

DON JUAN – Ma foi ! tu ne te trompes pas, et je dois t'avouer qu'un autre objet[3] a chassé Elvire de ma pensée.

---

**notes**

1. **jugez** : devinez.
2. **mortifié** : désolé.

3. **un autre objet** : une autre femme ; terme précieux.

**Don Juan et Sganarelle (Albert Millaire et Raymond Bouchard),
mise en scène d'Olivier Reichenbach,
Théâtre du Nouveau Monde, 1988.**

SGANARELLE – Eh ! mon Dieu, je sais mon Don Juan sur le bout
110     du doigt, et connais votre cœur pour[1] le plus grand coureur du
monde : il se plaît à se promener de liens en liens, et n'aime
guère à demeurer en place.

DON JUAN – Et ne trouves-tu pas, dis-moi, que j'ai raison d'en
user de la sorte[2] ?

115  SGANARELLE – Eh ! monsieur.

DON JUAN – Quoi ? Parle.

SGANARELLE – Assurément que vous avez raison, si vous le
voulez ; on ne peut pas aller là contre. Mais, si vous ne le
vouliez pas, ce serait peut-être une autre affaire.

120  DON JUAN – Eh bien, je te donne la liberté de parler et de me
dire tes sentiments.

SGANARELLE – En ce cas, monsieur, je vous dirai franchement
que je n'approuve point votre méthode, et que je trouve fort
vilain d'aimer de tous côtés comme vous faites.

125  DON JUAN – Quoi ! tu veux qu'on se lie à demeurer[3] au premier
objet qui nous prend, qu'on renonce au monde pour lui, et
qu'on n'ait plus d'yeux pour personne ? La belle chose de
vouloir se piquer[4] d'un faux honneur d'être fidèle, de s'enseve-
lir pour toujours dans une passion, et d'être mort dès sa jeunesse
130     à toutes les autres beautés qui nous peuvent frapper les yeux !
Non, non, la constance n'est bonne que pour des ridicules[5],
toutes les belles ont droit de nous charmer, et l'avantage d'être
rencontrée la première ne doit point dérober aux autres les
justes prétentions qu'elles ont toutes sur nos cœurs. Pour moi,
135     la beauté me ravit partout où je la trouve, et je cède facilement

*passage analysé*

**notes**

---

**1. et connais votre cœur
pour :** et sais que votre
cœur est.

**2. d'en user de la sorte :**
de faire ainsi.

**3. qu'on se lie à demeurer :**
qu'on s'oblige à rester
attaché.

**4. se piquer :** s'enorgueillir.

**5. des ridicules :** des gens
ridicules.

à cette douce violence dont elle nous entraîne. J'ai beau être engagé, l'amour que j'ai pour une belle n'engage point mon âme à faire injustice aux autres ; je conserve des yeux pour voir le mérite de toutes, et rends à chacune les hommages et les tributs[1] où la nature nous oblige. Quoi qu'il en soit, je ne puis refuser mon cœur à tout ce que je vois d'aimable[2], et dès qu'un beau visage me le demande, si j'en avais dix mille, je les donnerais tous. Les inclinations[3] naissantes, après tout, ont des charmes inexplicables, et tout le plaisir de l'amour est dans le changement. On goûte une douceur extrême à réduire[4], par cent hommages, le cœur d'une jeune beauté, à voir de jour en jour les petits progrès qu'on y fait, à combattre par des transports[5], par des larmes et des soupirs, l'innocente pudeur d'une âme qui a peine à rendre les armes, à forcer pied à pied toutes les petites résistances qu'elle nous oppose, à vaincre les scrupules dont elle se fait un honneur, et la mener doucement où nous avons envie de la faire venir. Mais, lorsqu'on en est maître une fois il n'y a plus rien à dire, ni rien à souhaiter ; tout le beau de la passion est fini, et nous nous endormons dans la tranquillité d'un tel amour, si quelque objet nouveau ne vient réveiller nos désirs et présenter à notre cœur les charmes attrayants d'une conquête à faire. Enfin il n'est rien de si doux que de triompher de la résistance d'une belle personne, et j'ai sur ce sujet l'ambition des conquérants, qui volent perpétuellement de victoire en victoire, et ne peuvent se résoudre à borner leurs souhaits. Il n'est rien qui puisse arrêter l'impétuosité de mes désirs : je me sens un cœur à aimer toute la terre ; et comme Alexandre[6], je

140

145

*passage analysé*

150

155

160

## notes

**1. tributs** : marques d'amour.

**2. tout ce que je vois d'aimable** : toutes les femmes qui me semblent aimables.

**3. inclinations** : penchants amoureux.

**4. réduire […] le cœur** : venir à bout de la résistance de.

**5. transports** : sentiments exprimés avec fougue.

**6. Alexandre** : Alexandre le Grand (356-323 av. J.-C.) étendit son empire du nord de la Grèce jusqu'à l'Indus. Le poète satirique romain Juvénal (Ier siècle après J.-C.) lui prêta le regret qu'il n'y eût qu'un seul monde à conquérir.

souhaiterais qu'il y eût d'autres mondes, pour y pouvoir étendre mes conquêtes amoureuses.

165 SGANARELLE – Vertu de ma vie, comme vous débitez ![1] Il semble que vous ayez appris cela par cœur, et vous parlez tout comme un livre.

DON JUAN – Qu'as-tu à dire là-dessus ?

SGANARELLE – Ma foi ! j'ai à dire..., je ne sais que dire, car vous
170 tournez les choses d'une manière, qu'il semble que vous avez raison ; et cependant il est vrai que vous ne l'avez pas. J'avais les plus belles pensées du monde, et vos discours m'ont brouillé tout cela. Laissez faire : une autre fois je mettrai mes raisonnements par écrit, pour disputer[2] avec vous.

175 DON JUAN – Tu feras bien.

SGANARELLE – Mais, monsieur, cela serait-il de la permission que vous m'avez donnée, si je vous disais que je suis tant soit peu scandalisé de la vie que vous menez ?

DON JUAN – Comment ! quelle vie est-ce que je mène ?

180 SGANARELLE – Fort bonne. Mais, par exemple, de vous voir tous les mois vous marier comme vous faites...

DON JUAN – Y a-t-il rien de plus agréable ?

SGANARELLE – Il est vrai, je conçois que cela est fort agréable et fort divertissant, et je m'en accommoderais assez, moi, s'il n'y
185 avait point de mal ; mais, monsieur, se jouer ainsi d'un mystère sacré[3], et...

DON JUAN – Va, va, c'est une affaire entre le Ciel et moi, et nous la démêlerons bien ensemble, sans que tu t'en mettes en peine.

notes

| | |
|---|---|
| **1. comme vous débitez !** : quel bagou ! | **3. mystère sacré** : le mariage est contracté devant Dieu qui lie pour la vie les époux. |
| **2. disputer** : discuter. | |

SGANARELLE – Ma foi ! monsieur, j'ai toujours ouï dire que c'est
190 une méchante raillerie que de se railler du Ciel[1], et que les
libertins[2] ne font jamais une bonne fin.

DON JUAN – Holà ! maître sot, vous savez que je vous ai dit que
je n'aime pas les faiseurs de remontrances.

SGANARELLE – Je ne parle pas aussi à vous, Dieu m'en garde ! Vous
195 savez ce que vous faites, vous, et, si vous ne croyez rien, vous
avez vos raisons ; mais il y a de certains petits impertinents dans
le monde, qui sont libertins sans savoir pourquoi, qui font
les esprits forts, parce qu'ils croient que cela leur sied bien[3] ; et
si j'avais un maître comme cela, je lui dirais fort nettement, le
200 regardant en face : « Osez-vous bien ainsi vous jouer au Ciel[4],
et ne tremblez-vous point de vous moquer comme vous faites
des choses les plus saintes ? C'est bien à vous, petit ver de terre,
petit mirmidon[5] que vous êtes (je parle au maître que j'ai dit),
c'est bien à vous à vouloir vous mêler de tourner en raillerie ce
205 que tous les hommes révèrent[6]. Pensez-vous que pour être de
qualité[7], pour avoir une perruque blonde et bien frisée, des
plumes à votre chapeau, un habit bien doré, et des rubans
couleur de feu (ce n'est pas à vous que je parle, c'est à l'autre),
pensez-vous, dis-je, que vous en soyez plus habile homme, que
210 tout vous soit permis, et qu'on n'ose vous dire vos vérités ?
Apprenez de moi, qui suis votre valet, que le Ciel punit tôt ou
tard les impies, qu'une méchante vie amène une méchante
mort, et que... »

DON JUAN – Paix !

*pasage analysé*

**notes**

1. **c'est une méchante raillerie que de se railler du Ciel :** il est mauvais de se moquer de Dieu.

2. **libertins :** ceux qui ne se plient pas aux règles religieuses.

3. **cela leur sied bien :** cela leur va bien.

4. **vous jouer au Ciel :** vous moquer du Ciel.

5. **mirmidon :** peuple chétif que Zeus créa en métamorphosant des fourmis.

6. **révèrent :** vénèrent.

7. **pour être de qualité :** parce qu'on appartient à une classe sociale élevée.

215   SGANARELLE – De quoi est-il question ?

DON JUAN – Il est question de te dire qu'une beauté me tient au cœur, et qu'entraîné par ses appas[1], je l'ai suivie jusques en cette ville.

SGANARELLE – Et n'y craignez-vous rien, monsieur, de la mort[2]
220   de ce Commandeur[3] que vous tuâtes il y a six mois ?

DON JUAN – Et pourquoi craindre ? Ne l'ai-je pas bien tué ?

SGANARELLE – Fort bien, le mieux du monde et il aurait tort de se plaindre.

DON JUAN – J'ai eu ma grâce[4] de cette affaire.

225   SGANARELLE – Oui, mais cette grâce n'éteint pas peut-être le ressentiment[5] des parents et des amis, et...

DON JUAN – Ah ! n'allons point songer au mal qui nous peut arriver, et songeons seulement à ce qui nous peut donner du plaisir. La personne dont je te parle est une jeune fiancée, la
230   plus agréable du monde, qui a été conduite ici par celui même qu'elle y vient épouser ; et le hasard me fit voir ce couple d'amants[6] trois ou quatre jours avant leur voyage. Jamais je n'ai vu deux personnes être si contents l'un de l'autre et faire éclater plus d'amour. La tendresse visible de leurs mutuelles ardeurs[7]
235   me donna de l'émotion ; j'en fus frappé au cœur, et mon amour commença par la jalousie. Oui, je ne pus souffrir[8] d'abord de les voir si bien ensemble ; le dépit alarma[9] mes désirs, et je me figurai un plaisir extrême à pouvoir troubler leur intelligence[10], et

**notes** ...........................................................................................

1. **ses appas** : son charme.
2. **de la mort** : à cause de la mort.
3. **Commandeur** : chevalier détenteur d'une commanderie dans un ordre religieux et militaire comme celui de Malte.

4. **j'ai eu ma grâce** : j'ai été acquitté pour cette affaire.
5. **ressentiment** : désir de vengeance.
6. **amants** : fiancés amoureux.

7. **mutuelles ardeurs** : passion réciproque.
8. **souffrir** : supporter.
9. **alarma** : éveilla.
10. **intelligence** : entente.

240 rompre cet attachement, dont la délicatesse de mon cœur se tenait offensée[1] ; mais jusques ici tous mes efforts ont été inutiles, et j'ai recours au dernier remède. Cet époux prétendu[2] doit aujourd'hui régaler sa maîtresse d'une promenade[3] sur mer. Sans t'en avoir rien dit, toutes choses sont préparées pour satisfaire mon amour, et j'ai une petite barque et des gens avec quoi

245 fort facilement je prétends enlever la belle.

SGANARELLE – Ha ! Monsieur...

DON JUAN – Hein ?

SGANARELLE – C'est fort bien fait à vous[4], et vous le prenez comme il faut. Il n'est rien tel en ce monde que de se

250 contenter[5].

DON JUAN – Prépare-toi donc à venir avec moi, et prends soin toi-même d'apporter toutes mes armes, afin que... *(Il aperçoit Done Elvire.)* Ah ! rencontre fâcheuse ! Traître, tu ne m'avais pas dit qu'elle était ici elle-même.

255 SGANARELLE – Monsieur, vous ne me l'avez pas demandé.

DON JUAN – Est-elle folle de n'avoir pas changé d'habits, et de venir en ce lieu-ci avec son équipage de campagne[6] ?

---

**notes**

1. **dont la délicatesse de mon cœur se tenait offensée :** qui blessait mon cœur délicat.
2. **époux prétendu :** fiancé.

3. **régaler [...] d'une promenade :** offrir le plaisir d'une promenade.
4. **c'est fort bien fait à vous :** vous faites bien.

5. **se contenter :** se faire plaisir.
6. **équipage de campagne :** tenue de voyage.

**Don Juan et Sganarelle
(Benoît Gouin et Jacques Leblanc),
mise en scène de Serge Denoncourt,
Théâtre du Trident, 1994.**

**Don Juan et Sganarelle
(David Boutin et Benoît Brière),
mise en scène de Martine Beaulne,
Théâtre du Nouveau Monde, 2000.**

# Scène 3

DONE ELVIRE, DON JUAN,<br>SGANARELLE

DONE ELVIRE – Me ferez-vous la grâce, Don Juan, de vouloir bien me reconnaître ? et puis-je au moins espérer que vous
260 daigniez tourner le visage de ce côté ?

DON JUAN – Madame, je vous avoue que je suis surpris, et que je ne vous attendais pas ici.

DONE ELVIRE – Oui, je vois bien que vous ne m'y attendiez pas ; et vous êtes surpris, à la vérité, mais tout autrement que je ne
265 l'espérais ; et la manière dont vous le paraissez me persuade pleinement ce que je refusais de croire. J'admire[1] ma simplicité et la faiblesse de mon cœur à douter[2] d'une trahison que tant d'apparences me confirmaient. J'ai été assez bonne, je le confesse, ou plutôt assez sotte, pour me vouloir tromper moi-même et tra-
270 vailler à démentir mes yeux et mon jugement. J'ai cherché des raisons pour excuser à ma tendresse[3] le relâchement d'amitié qu'elle voyait en vous ; et je me suis forgé exprès cent sujets légitimes d'un départ si précipité, pour vous justifier du crime dont ma raison vous accusait. Mes justes soupçons chaque jour
275 avaient beau me parler, j'en rejetais la voix qui vous rendait criminel à mes yeux, et j'écoutais avec plaisir mille chimères[4] ridicules qui vous peignaient innocent à mon cœur. Mais enfin cet abord[5] ne me permet plus de douter, et le coup d'œil qui m'a reçue m'apprend bien plus de choses que je ne voudrais en
280 savoir. Je serai bien aise pourtant d'ouïr de votre bouche les raisons de votre départ. Parlez, Don Juan, je vous prie, et voyons de quel air[6] vous saurez vous justifier.

## notes

1. **j'admire** : je m'étonne de.
2. **à douter** : qui doute.
3. **pour excuser à ma tendresse** : pour que ma tendresse excuse.
4. **chimères** : inventions.
5. **abord** : accueil.
6. **air** : façon.

DON JUAN – Madame, voilà Sganarelle qui sait pourquoi je suis parti.

285 SGANARELLE, *bas à Don Juan* – Moi ? Monsieur, je n'en sais rien, s'il vous plaît.

DONE ELVIRE – Hé bien ! Sganarelle, parlez. Il n'importe de quelle bouche j'entends ces raisons.

DON JUAN, *faisant signe d'approcher à Sganarelle* – Allons, parle donc
290 à Madame.

SGANARELLE, *bas à Don Juan* – Que voulez-vous que je dise ?

DONE ELVIRE – Approchez, puisqu'on le veut ainsi, et me dites un peu les causes d'un départ si prompt.

DON JUAN – Tu ne répondras pas ?

295 SGANARELLE, *bas à Don Juan* – Je n'ai rien à répondre. Vous vous moquez de votre serviteur.

DON JUAN – Veux-tu répondre, te dis-je ?

SGANARELLE – Madame...

DONE ELVIRE – Quoi ?...

300 SGANARELLE, *se retournant vers son maître* – Monsieur...

DON JUAN – Si...

SGANARELLE – Madame, les conquérants, Alexandre et les autres mondes sont cause de notre départ. Voilà, monsieur, tout ce que je puis dire.

305 DONE ELVIRE – Vous plaît-il, Don Juan, nous éclaircir ces beaux mystères ?

DON JUAN – Madame, à vous dire la vérité...

DONE ELVIRE – Ah ! que vous savez mal vous défendre pour un homme de cour, et qui doit être accoutumé à ces sortes de
310 choses ! J'ai pitié de vous voir la confusion que vous avez. Que

ne vous armez-vous le front d'une noble effronterie[1] ? Que ne me jurez-vous que vous êtes toujours dans les mêmes sentiments pour moi, que vous m'aimez toujours avec une ardeur sans égale, et que rien n'est capable de vous détacher de moi

315 que la mort ? Que ne me dites-vous que des affaires de la dernière conséquence[2] vous ont obligé à partir sans m'en donner avis[3] ; qu'il faut que, malgré vous, vous demeuriez ici quelque temps, et que je n'ai qu'à m'en retourner d'où je viens, assurée que vous suivrez mes pas le plus tôt qu'il vous sera possible ;

320 qu'il est certain que vous brûlez de me rejoindre, et qu'éloigné de moi, vous souffrez ce que souffre un corps qui est séparé de son âme ? Voilà comme il faut vous défendre, et non pas être interdit[4] comme vous êtes.

DON JUAN – Je vous avoue, Madame, que je n'ai point le talent
325 de dissimuler, et que je porte un cœur sincère. Je ne vous dirai point que je suis toujours dans les mêmes sentiments pour vous et que je brûle de vous rejoindre, puisque enfin il est assuré que je ne suis parti que pour vous fuir ; non point par les raisons que vous pouvez vous figurer, mais par un pur motif de conscience,

330 et pour ne croire pas[5] qu'avec vous davantage je puisse vivre sans péché. Il m'est venu des scrupules, Madame, et j'ai ouvert les yeux de l'âme sur ce que je faisais. J'ai fait réflexion que, pour vous épouser, je vous ai dérobée à la clôture d'un convent[6], que vous avez rompu des vœux[7] qui vous engageaient autre part, et

335 que le Ciel est fort jaloux de ces sortes de choses. Le repentir

**notes** ......................................................................

**1. que ne vous armez-vous le front d'une noble effronterie ?** : pourquoi ne prenez-vous pas un air assuré ?

**2. de la dernière conséquence** : de la plus haute importance.

**3. sans m'en donner avis** : sans me prévenir.

**4. interdit** : surpris.

**5. pour ne croire pas** : parce que je ne crois pas.

**6. je vous ai dérobée à la clôture d'un convent** : je vous ai fait sortir du couvent où vous étiez enfermée.

**7. vœux** : les religieuses s'engagent devant Dieu pour la vie entière à rester chastes et à obéir à la règle du couvent.

m'a pris, et j'ai craint le courroux céleste. J'ai cru que notre mariage n'était qu'un adultère déguisé, qu'il nous attirerait quelque disgrâce[1] d'en haut, et qu'enfin je devais tâcher de vous oublier et vous donner moyen de retourner à vos premières
340    chaînes. Voudriez-vous, Madame, vous opposer à une si sainte pensée, et que j'allasse, en vous retenant, me mettre le Ciel sur les bras, que par... ?

DONE ELVIRE – Ah ! scélérat, c'est maintenant que je te connais tout entier, et, pour mon malheur, je te connais lorsqu'il n'en
345    est plus temps, et qu'une telle connaissance ne peut plus me servir qu'à me désespérer. Mais sache que ton crime ne demeurera pas impuni, et que le même Ciel dont tu te joues me saura venger de ta perfidie.

[DON JUAN – Sganarelle, le Ciel !

350    SGANARELLE – Vraiment oui, nous nous moquons bien de cela, nous autres[2] !][3]

DON JUAN – Madame...

DONE ELVIRE – Il suffit. Je n'en veux pas ouïr davantage, et je m'accuse même d'en avoir trop entendu. C'est une lâcheté que
355    de se faire expliquer trop sa honte ; et, sur de tels sujets, un noble cœur, au premier mot, doit prendre son parti. N'attends pas que j'éclate ici en reproches et en injures : non, non, je n'ai point un courroux à exhaler en paroles vaines[4], et toute sa chaleur se réserve pour sa vengeance. Je te le dis encore, le Ciel te punira,
360    perfide, de l'outrage que tu me fais ; et si le Ciel n'a rien que tu puisses appréhender[5], appréhende du moins la colère d'une femme offensée.

*(Elle sort.)*

**notes** ----------------------------------------------------------------

1. **disgrâce :** punition.
2. **nous autres :** Sganarelle parle pour Don Juan.

3. Les passages entre crochets sont les répliques censurées dans l'édition de 1682.

4. **je n'ai point un courroux à exhaler en paroles vaines :** je ne vais pas inutilement exprimer ma colère.
5. **appréhender :** craindre.

SGANARELLE, *à part* – Si le remords le pouvait prendre !

365 DON JUAN, *après une petite réflexion* – Allons songer à l'exécution de notre entreprise amoureuse.

SGANARELLE, *seul* – Ah ! quel abominable maître me vois-je obligé de servir !

**Don Juan et Sganarelle**
**(James Hyndman et Benoît Brière), mise en scène**
**de Lorraine Pintal, Théâtre du Nouveau Monde, 2007.**

Charlotte et Pierrot (Éveline Gélinas et Gareth Potter),
mise en scène de Lorraine Pintal,
Théâtre du Nouveau Monde, 2007.

# Scène 1

CHARLOTTE, PIERROT

CHARLOTTE – Nostre-Dinse[1], Piarrot[2], tu t'es trouvé là bien à point.

PIERROT – Parquienne[3] ! il ne s'en est pas fallu l'époisseur d'une éplinque[4] qu'ils ne se sayant nayés[5] tous deux.

CHARLOTTE – C'est donc le coup de vent da matin qui les avoit
5    renvarsés dans la mar ?

PIERROT – Aga[6], guien[7], Charlotte, je m'en vas te conter tout fin
drait[8] comme cela est venu ; car, comme dit l'autre, je les ai le

---

**notes**

**1. Nostre-Dinse** : juron déformé pour atténuer l'injure qu'il fait au divin, dit pour « Notre-Dame », désignation respectueuse de Marie, mère de Jésus.

**2. Piarrot** : prononciation paysanne : le son « er » devient « ar » également dans les mots « renvarsés, mar, tarre, aparçu, envars, etc. ».

**3. parquienne** : de la même façon dit pour « par Dieu » ; le nom de Dieu est modifié en « quenne, quienne, guenne, qué… » par Pierrot.

**4. éplinque** : épingle.

**5. qu'ils ne se sayant nayés** : conjugaison fautive, dit pour « qu'ils ne se soient noyés » ; de la même façon, on trouve « qui nageant » (l. 17) pour

« nagent » ; « je m'en vas » (l. 6) pour « je m'en vais » ; « j'estions » (l. 8) pour « nous étions » ; « je nous amusions » (l. 9) pour « nous nous amusions », etc.

**6. aga** : regarde.

**7. guien** : tiens.

**8. tout fin drait** : exactement.

55

premier avisés[1], avisés le premier je les ai. Enfin donc j'estions sur le bord de la mar, moi et le gros Lucas, et je nous amusions à batifoler avec des mottes de tarre que je nous jesquions à la tête ; car, comme tu sais bian, le gros Lucas aime à batifoler, et moi par fouas je batifole itou. En batifolant donc, pisque batifoler y a, j'ai aparçu de tout loin queuque chose qui grouilloit dans gliau[2], et qui venoit comme envars nous par secousse. Je voyois cela fixiblement[3], et pis tout d'un coup je voyois que je ne voyois plus rien. « Eh ! Lucas, ç'ai-je fait[4], je pense que vlà des hommes qui nageant là-bas. – Voire, ce m'a-t-il fait, t'as été au trépassement[5] d'un chat, t'as la vue trouble. – Palsanquienne[6], ç'ai-je fait, je n'ai point la vue trouble : ce sont des hommes. – Point du tout, ce m'a-t-il fait, t'as la barlue[7]. – Veux-tu gager, ç'ai-je fait, que je n'ai point la barlue, ç'ai-je fait, et que sont deux hommes, ç'ai-je fait, qui nageant droit ici ? ç'ai-je fait. – Morquenne[8] ! ce m'a-t-il fait, je gage que non. – Ô çà ! ç'ai-je fait, veux-tu gager dix sols[9] que si ? – Je le veux bian, ce m'a-t-il fait ; et pour te montrer, vlà argent su jeu[10] », ce m'a-t-il fait. Moi, je n'ai point été ni fou, ni étourdi ; j'ai bravement bouté[11] à tarre quatre pièces tapées, et cinq sols en doubles[12], jergniguenne[13], aussi hardiment que si j'avois avalé un varre de vin ; car je ses hazardeux[14], moi, et je vas à la débandade[15]. Je savois

30  bian ce que je faisois pourtant. Queuque gniais[1] ! Enfin donc, je n'avons pas putôt eu gagé, que j'avons vu les deux hommes tout à plain[2], qui nous faisiant signe de les aller quérir[3] ; et moi de tirer auparavant les enjeux. « Allons, Lucas, ç'ai-je dit, tu vois bian qu'ils nous appelont : allons vite à leu secours. — Non, ce

35  m'a-t-il dit, ils m'ont fait pardre. » Ô ! donc, tanquia qu'à la parfin[4], pour le faire court[5], je l'ai tant sarmonné, que je nous sommes boutés dans une barque, et pis j'avons tant fait cahin-caha[6], que je les avons tirés de gliau, et pis je les avons menés cheux nous auprès du feu, et pis ils se sant dépouillés tous nus

40  pour se sécher, et pis il y en est venu encore deux de la même bande, qui s'equiant[7] sauvés tout seuls, et pis Mathurine est arrivée là, à qui l'en a fait les doux yeux. Vlà justement, Charlotte, comme tout ça s'est fait.

CHARLOTTE — Ne m'as-tu pas dit, Piarrot, qu'il y en a un qu'est

45  bien pu mieux fait que les autres ?

PIERROT — Oui, c'est le maître. Il faut que ce soit queuque gros[8], gros Monsieur, car il a du dor[9] à son habit tout depis le haut jusqu'en bas ; et ceux qui le servont sont des monsieux eux-mêmes ; et stapandant[10], tout gros monsieur qu'il est, il seroit,

50  par ma fique[11], nayé, si je n'aviomme[12] été là.

CHARLOTTE — Ardez un peu[13] !

PIERROT — O ! parquenne, sans nous, il en avoit pour sa maine de fèves[14].

---

**notes**

**1. queuque gniais :** il aurait fallu être idiot pour ne pas le faire (tournure elliptique).

**2. tout à plain :** juste en face.

**3. quérir :** chercher.

**4. tanquia qu'à la parfin :** si bien qu'enfin.

**5. pour le faire court :** en bref.

**6. cahin-caha :** tant bien que mal.

**7. s'equiant :** s'étaient.

**8. gros :** important.

**9. du dor :** de l'or.

**10. stapandant :** cependant.

**11. par ma fique :** par ma foi.

**12. je n'aviomme :** je n'avais.

**13. Ardez un peu :** voyez cela.

**14. il en avoit pour sa maine de fèves :** littéralement « pour sa mesure de fèves », donc « il avait son compte ».

CHARLOTTE – Est-il encore cheux toi tout nu, Piarrot ?

55 PIERROT – Nannain[1] : ils l'avont rhabillé tout devant nous. Mon quieu, je n'en avois jamais vu s'habiller. Que d'histoires et d'angigorniaux[2] boutont[3] ces Messieus-là les courtisans ! Je me pardrois là dedans, pour moi, et j'étois tout ébobi[4] de voir ça. Quien, Charlotte, ils avont des cheveux qui ne tenont point à 60 leu tête ; et ils boutont ça après tout, comme un gros bonnet de filace[5]. Ils ant des chemises qui ant des manches où j'entrerions tout brandis[6], toi et moi. En glieu d'haut-de-chausse[7], ils portont un garde-robe[8] aussi large que d'ici à Pâque ; en glieu de pourpoint[9], de petites brassières[10] qui ne leu venont pas 65 jusqu'au brichet[11] ; et en glieu de rabats[12], un grand mouchoir de cou à reziau[13], aveuc quatre grosses houppes[14] de linge qui leu pendont sur l'estomaque. Ils avont itou d'autres petits rabats au bout des bras, et de grands entonnois de passement[15] aux jambes, et parmi tout ça tant de rubans, tant de rubans, que c'est 70 une vraie piquié. Igna pas jusqu'aux souliers qui n'en soiont farcis tout depis un bout jusqu'à l'autre ; et ils sont faits d'eune façon que je me romprois le cou aveuc.

CHARLOTTE – Par ma fi, Piarrot, il faut que j'aille voir un peu ça.

PIERROT – Ô ! acoute un peu auparavant, Charlotte, j'ai queuque 75 autre chose à te dire, moi.

CHARLOTTE – Eh bian ! dis, qu'est-ce que c'est ?

---

**notes**

1. **nannain** : non.
2. **angigorniaux** : fanfreluches.
3. **boutont** : mettent.
4. **ébobi** : ébahi.
5. **filace** : fibre végétale de couleur jaune.
6. **tout brandis** : tout debout.
7. **en glieu d'haut-de-chausse** : en guise de culotte.
8. **garde-robe** : tablier.
9. **pourpoint** : veste.
10. **brassières** : chemises de femmes.
11. **brichet** : bréchet, sternum des oiseaux.
12. **rabat** : col.
13. **mouchoir de cou à reziau** : collerette en dentelle.
14. **houppes** : pan de tissu.
15. **entonnois de passement** : cornets de dentelle.

PIERROT – Vois-tu, Charlotte, il faut, comme dit l'autre, que je débonde[1] mon cœur. Je t'aime, tu le sais bian, et je sommes pour être mariés ensemble ; mais marquenne[2], je ne suis point satis-
80      fait de toi.

CHARLOTTE – Quement ? qu'est-ce que c'est donc qu'iglia ?

PIERROT – Iglia que tu me chagraignes[3] l'esprit, franchement.

CHARLOTTE – Et quement donc ?

PIERROT – Testiguienne[4] ! tu ne m'aimes point.

85      CHARLOTTE – Ah ! ah ! n'est-ce que ça ?

PIERROT – Oui, ce n'est que ça, et c'est bian assez.

CHARLOTTE – Mon quieu, Piarrot, tu me viens toujou dire la même chose.

PIERROT – Je te dis toujou la même chose, parce que c'est tou-
90      jou la même chose ; et si ce n'étoit pas toujou la même chose, je ne te dirois pas toujou la même chose.

CHARLOTTE – Mais qu'est-ce qu'il te faut ? Que veux-tu ?

PIERROT – Jerniquenne ! je veux que tu m'aimes.

CHARLOTTE – Est-ce que je ne t'aime pas ?

95      PIERROT – Non, tu ne m'aimes pas ; et si[5], je fais tout ce que je pis pour ça : je t'achète, sans reproche, des rubans à tous les marciers[6] qui passont ; je me romps le cou à t'aller dénicher des marles ; je fais jouer pour toi les vielleux[7] quand ce vient ta fête ; et tout ça, comme si je me frappois la tête contre un mur.
100     Vois-tu, ça [n'est] ni biau ni honneste de n'aimer pas les gens qui nous aimont.

**notes** ....................................................................................................

1. **débonde** : soulage, vide.

2. **marquenne** : par la mère de Dieu.

3. **tu me chagraignes** : tu me chagrines.

4. **testiguienne** : par la tête de Dieu.

5. **et si** : et pourtant.

6. **marciers** : merciers, marchands de rubans et de fournitures de couture.

7. **vielleux** : musiciens jouant de la vielle, instrument populaire.

**CHARLOTTE** – Mais, mon guieu[1], je t'aime aussi.

**PIERROT** – Oui, tu m'aimes d'une belle deguaine[2] !

**CHARLOTTE** – Quement veux-tu donc qu'on fasse ?

105 **PIERROT** – Je veux que l'en fasse comme l'en fait quand l'en aime comme il faut.

**CHARLOTTE** – Ne t'aimé-je pas aussi comme il faut ?

**PIERROT** – Non : quand ça est, ça se voit, et l'en fait mille petites singeries aux personnes quand on les aime du bon du cœur.
110 Regarde la grosse Thomasse, comme elle est assotée[3] du jeune Robain : alle est toujou autour de li à l'agacer, et ne le laisse jamais en repos ; toujou al li fait queque niche[4] ou li baille quelque taloche[5] en passant ; et l'autre jour qu'il estoit assis sur un escabiau, al fut le tirer de dessous li, et le fit choir tout de son
115 long par tarre. Jarni ! vlà où l'en voit les gens qui aimont ; mais toi, tu ne me dis jamais mot, t'es toujou là comme eune vraie souche de bois, et je passerois vingt fois devant toi, que tu ne te grouillerois pas[6] pour me bailler le moindre coup, ou me dire la moindre chose. Ventrequenne[7] ! ça n'est pas bian, après tout, et
120 t'es trop froide pour les gens.

**CHARLOTTE** – Que veux-tu que j'y fasse ? C'est mon himeur, et je ne me pis refondre[8].

**PIERROT** – Ignia himeur qui quienne. Quand en a l'amiquié pour les personnes, l'an en baille toujou queque petite signifiance.

125 **CHARLOTTE** – Enfin je t'aime tout autant que je pis, et si tu n'es pas content de ça, tu n'as qu'à en aimer queque autre.

---

*notes*

**1. mon guieu :** mon Dieu.
**2. deguaine :** façon.
**3. assotée :** entichée, obsédée par.

**4. niche :** farce.
**5. li baille quelque taloche :** lui donne une tape.
**6. tu ne te grouillerois pas :** tu ne bougerais pas.

**7. ventrequenne :** par le ventre de Dieu.
**8. je ne me pis refondre :** je ne peux me refaire.

PIERROT – Eh bien ! vlà pas mon compte[1]. Testigué[2] ! si tu m'aimois, me dirois-tu ça ?

CHARLOTTE – Pourquoi me viens-tu aussi tarabuster l'esprit ?

130 PIERROT – Morqué[3] ! queu mal te fais-je ? Je ne te demande qu'un peu d'amiquié.

CHARLOTTE – Eh bian ! laisse faire aussi, et ne me presse point tant. Peut-être que ça viendra tout d'un coup sans y songer.

PIERROT – Touche donc là[4], Charlotte.

135 CHARLOTTE – Eh bien ! quien[5].

PIERROT – Promets-moi donc que tu tâcheras de m'aimer davantage.

CHARLOTTE – J'y ferai tout ce que je pourrai, mais il faut que ça vienne de lui-même. Piarrot, est-ce là ce Monsieur ?

140 PIERROT – Oui, le vlà.

CHARLOTTE – Ah ! mon quieu, qu'il est genti[6], et que ç'auroit été dommage qu'il eût été nayé !

PIERROT – Je revians tout à l'heure : je m'en vas boire chopaine[7] pour me rebouter[8] tant soit peu de la fatigue que j'ais eue.

---

**notes**

1. **vlà pas mon compte :** cela ne me convient pas, ne fait pas mon affaire.

2. **testigué :** par la tête de Dieu.

3. **morqué :** par la mort de Dieu.

4. **touche donc là :** donne-moi la main.

5. **quien :** tiens.

6. **genti :** bel homme.

7. **chopaine :** petite bouteille de vin.

8. **rebouter :** remettre.

# Scène 2

DON JUAN, SGANARELLE, CHARLOTTE

145 DON JUAN – Nous avons manqué notre coup, Sganarelle, et cette bourrasque imprévue a renversé avec notre barque le projet que nous avions fait ; mais, à te dire vrai, la paysanne que je viens de quitter répare ce malheur, et je lui ai trouvé des charmes qui effacent de mon esprit tout le chagrin que me donnait le mau-
150 vais succès[1] de notre entreprise. Il ne faut pas que ce cœur m'échappe, et j'y ai déjà jeté des dispositions à ne pas me souffrir longtemps de pousser des soupirs[2].

SGANARELLE – Monsieur, j'avoue que vous m'étonnez[3]. À peine sommes-nous échappés d'un péril de mort, qu'au lieu de rendre
155 grâce au Ciel de la pitié qu'il a daigné prendre de nous, vous travaillez tout de nouveau à attirer sa colère par vos fantaisies accoutumées et vos amours cr...[4] Paix ! coquin que vous êtes ; vous ne savez ce que vous dites, et Monsieur sait ce qu'il fait. Allons.

160 DON JUAN, *apercevant Charlotte* – Ah ! ah ! d'où sort cette autre paysanne, Sganarelle ? As-tu rien vu de plus joli ? et ne trouves-tu pas, dis-moi, que celle-ci vaut bien l'autre ?

SGANARELLE – Assurément. Autre pièce[5] nouvelle.

DON JUAN – D'où me vient, la belle, une rencontre si agréable ?
165 Quoi ? dans ces lieux champêtres, parmi ces arbres et ces rochers, on trouve des personnes faites comme vous êtes ?

CHARLOTTE – Vous voyez, Monsieur.

DON JUAN – Êtes-vous de ce village ?

CHARLOTTE – Oui, Monsieur.

*passage analysé*

## notes

1. **mauvais succès** : échec.
2. **j'y ai déjà [...] soupirs** : je l'ai déjà mise en condition

telle qu'elle ne me laissera pas longtemps soupirer.
3. **m'étonnez** : me sidérez.

4. **cr...** : criminelles.
5. **pièce** : tromperie.

**170** DON JUAN – Et vous y demeurez ?

CHARLOTTE – Oui, Monsieur.

DON JUAN – Vous vous appelez ?

CHARLOTTE – Charlotte, pour vous servir.

DON JUAN – Ah ! la belle personne, et que ses yeux sont
**175** pénétrants !

CHARLOTTE – Monsieur, vous me rendez toute honteuse.

DON JUAN – Ah ! n'ayez point de honte d'entendre dire vos
vérités. Sganarelle, qu'en dis-tu ? Peut-on rien voir de plus
agréable ? Tournez-vous un peu, s'il vous plaît. Ah ! que cette
**180** taille est jolie ! Haussez un peu la tête, de grâce. Ah ! que ce
visage est mignon ! Ouvrez vos yeux entièrement. Ah ! qu'ils
sont beaux ! Que je voie un peu vos dents, je vous prie. Ah !
qu'elles sont amoureuses[1], et ces lèvres appétissantes ! Pour moi,
je suis ravi, et je n'ai jamais vu une si charmante personne.

**185** CHARLOTTE – Monsieur, cela vous plaît à dire, et je ne sais pas si
c'est pour vous railler[2] de moi.

DON JUAN – Moi, me railler de vous ? Dieu m'en garde ! je vous
aime trop pour cela, et c'est du fond du cœur que je vous parle.

CHARLOTTE – Je vous suis bien obligée[3], si ça est.

**190** DON JUAN – Point du tout, vous ne m'êtes point obligée de tout
ce que je dis, et ce n'est qu'à votre beauté que vous en êtes
redevable.

CHARLOTTE – Monsieur, tout ça est trop bien dit pour moi, et je
n'ai pas d'esprit pour vous répondre.

**195** DON JUAN – Sganarelle, regarde un peu ses mains.

notes

**1. amoureuses :** admirables,
dignes d'être aimées.

**2. railler :** moquer.
**3. obligée :** reconnaissante.

CHARLOTTE – Fi ! Monsieur, elles sont noires comme je ne sais quoi.

DON JUAN – Ha ! que dites-vous là ? Elles sont les plus belles du monde ; souffrez que je les baise, je vous prie.

200 CHARLOTTE – Monsieur, c'est trop d'honneur que vous me faites, et, si j'avais su ça tantôt, je n'aurais pas manqué de les laver avec du son.

DON JUAN – Et dites-moi un peu, belle Charlotte, vous n'êtes pas mariée, sans doute ?

205 CHARLOTTE – Non, Monsieur ; mais je dois bientôt l'être avec Piarrot, le fils de la voisine Simonette.

DON JUAN – Quoi ! une personne comme vous serait la femme d'un simple paysan ? Non, non, c'est profaner[1] tant de beautés, et vous n'êtes pas née pour demeurer dans un village. Vous 210 méritez sans doute une meilleure fortune, et le Ciel, qui le connaît[2] bien, m'a conduit ici tout exprès pour empêcher ce mariage, et rendre justice à vos charmes ; car enfin, belle Charlotte, je vous aime de tout mon cœur, et il ne tiendra qu'à vous que je vous arrache de ce misérable lieu, et ne vous mette 215 dans l'état où vous méritez d'être. Cet amour est bien prompt sans doute ; mais quoi ! c'est un effet, Charlotte, de votre grande beauté, et l'on vous aime autant en un quart d'heure, qu'on ferait une autre en six mois.

CHARLOTTE – Aussi vrai, Monsieur, je ne sais comment faire 220 quand vous parlez. Ce que vous dites me fait aise, et j'aurois toutes les envies du monde de vous croire ; mais on m'a toujou dit qu'il ne faut jamais croire les Monsieux, et que vous autres courtisans êtes des enjôleus, qui ne songez qu'à abuser[3] les filles.

*passage analysé*

---

**notes**

| 1. **profaner** : manquer de respect à. | 2. **connaît** : sait. | 3. **abuser** : tromper. |

DON JUAN – Je ne suis pas de ces gens-là.

225 SGANARELLE – Il n'a garde[1].

CHARLOTTE – Voyez-vous, Monsieur, il n'y a pas plaisir à se laisser abuser. Je suis une pauvre paysanne ; mais j'ai l'honneur en recommandation[2], et j'aimerois mieux me voir morte, que de me voir déshonorée.

230 DON JUAN – Moi, j'aurais l'âme assez méchante pour abuser une personne comme vous ? Je serais assez lâche pour vous déshonorer ? Non, non, j'ai trop de conscience pour cela. Je vous aime, Charlotte, en tout bien et en tout honneur ; et pour vous montrer que je vous dis vrai, sachez que je n'ai point d'autre 235 dessein que de vous épouser : en voulez-vous un plus grand témoignage ? M'y voilà prêt quand vous voudrez ; et je prends à témoin l'homme que voilà de la parole que je vous donne.

SGANARELLE – Non, non, ne craignez point : il se mariera avec vous tant que vous voudrez.

240 DON JUAN – Ah ! Charlotte, je vois bien que vous ne me connaissez pas encore. Vous me faites grand tort de juger de moi par les autres ; et s'il y a des fourbes dans le monde, des gens qui ne cherchent qu'à abuser des filles, vous devez me tirer du nombre, et ne pas mettre en doute la sincérité de ma foi[3]. Et puis votre 245 beauté vous assure de tout. Quand on est faite comme vous, on doit être à couvert de toutes ces sortes de crainte ; vous n'avez point l'air, croyez-moi, d'une personne qu'on abuse ; et pour moi, je l'avoue, je me percerais le cœur de mille coups, si j'avais eu la moindre pensée de vous trahir.

250 CHARLOTTE – Mon Dieu ! je ne sais si vous dites vrai, ou non ; mais vous faites que l'on vous croit.

*passage analysé*

---

**notes** ......................................................................................................................................

**1. il n'a garde :** il se garde bien (d'être de ces gens-là).

**2. j'ai l'honneur en recommandation :** j'ai le souci de mon honneur.

**3. foi :** promesse.

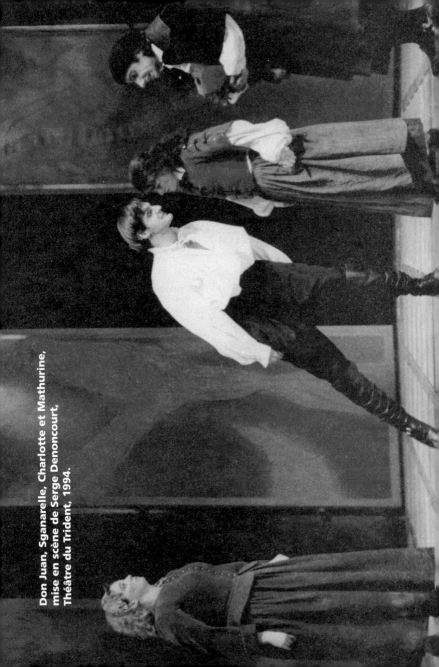

Don Juan, Sganarelle, Charlotte et Mathurine, mise en scène de Serge Denoncourt, Théâtre du Trident, 1994.

DON JUAN – Lorsque vous me croirez, vous me rendrez justice assurément, et je vous réitère[1] encore la promesse que je vous ai faite. Ne l'acceptez-vous pas, et ne voulez-vous pas consentir
255 à être ma femme ?

CHARLOTTE – Oui, pourvu que[2] ma tante le veuille.

DON JUAN – Touchez donc là, Charlotte, puisque vous le voulez bien de votre part.

CHARLOTTE – Mais au moins, Monsieur, ne m'allez pas tromper,
260 je vous prie : il y aurait de la conscience à vous[3], et vous voyez comme j'y vais à la bonne foi[4].

DON JUAN – Comment ? Il semble que vous doutiez encore de ma sincérité ! Voulez-vous que je fasse des serments épouvantables ? Que le Ciel...

265 CHARLOTTE – Mon Dieu, ne jurez point, je vous crois.

DON JUAN – Donnez-moi donc un petit baiser pour gage de votre parole.

CHARLOTTE – Oh ! Monsieur, attendez que je soyons mariés, je vous prie ; après ça, je vous baiserai tant que vous voudrez.

270 DON JUAN – Eh bien ! belle Charlotte, je veux tout ce que vous voulez ; abandonnez-moi seulement votre main, et souffrez que, par mille baisers, je lui exprime le ravissement où je suis...

---

**notes**

**1. réitère** : renouvelle.
**2. pourvu que** : à condition que.

**3. il y aurait de la conscience à vous** : vous vous sentiriez coupable.

**4. j'y vais à la bonne foi** : je vous fais confiance.

**67**

# Scène 3

DON JUAN, SGANARELLE,<br>PIERROT, CHARLOTTE

PIERROT, *se mettant entre deux et poussant Don Juan* – Tout doucement, Monsieur, tenez-vous, s'il vous plaît. Vous vous échauffez
275    trop, et vous pourriez gagner la purésie[1].

DON JUAN, *repoussant rudement Pierrot* – Qui m'amène cet
impertinent ?

PIERROT – Je vous dis qu'ou vous tegniez[2], et qu'ou ne caressiais
point nos accordées[3].

280    DON JUAN, *continue de le repousser* – Ah ! que de bruit !

PIERROT – Jerniquenne[4] ! ce n'est pas comme ça qu'il faut
pousser les gens.

CHARLOTTE, *prenant Pierrot par le bras* – Et laisse-le faire aussi, Piarrot.

PIERROT – Quement ? que je le laisse faire ? Je ne veux pas, moi.

285    DON JUAN – Ah !

PIERROT – Testiguenne[5] ! parce qu'ous êtes monsieu, ous viendrez
caresser nos femmes à note barbe[6] ? Allez-v's-en caresser les vôtres.

DON JUAN – Heu ?

PIERROT – Heu. *(Don Juan lui donne un soufflet.)* Testigué[7] ! ne me
290    frappez pas. *(Autre soufflet.)* Oh ! jernigué[8] ! *(Autre soufflet.)*
Ventrequé[9] ! *(Autre soufflet.)* Palsanqué[10] ! Morquenne[11] ! ça
n'est pas bian de battre les gens et ce n'est pas là la récompense
de v's avoir sauvé d'être nayé.

## notes

**1. purésie :** pleurésie, inflammation de la membrane enveloppant les poumons.

**2. qu'ou vous tegniez :** que vous vous conteniez.

**3. accordées :** fiancées.

**4. jerniquenne :** juron.

**5. testiguenne :** par la tête de Dieu.

**6. à note barbe :** sous notre nez.

**7. testigué :** par la tête de Dieu.

**8. jernigué :** je renie Dieu.

**9. ventrequé :** par le ventre de Dieu.

**10. palsanqué :** par le sang de Dieu.

**11. morquenne :** par la mort de Dieu.

CHARLOTTE – Pierrot, ne te fâche point.

295 PIERROT – Je me veux fâcher ; et t'es une vilaine, toi, d'endurer[1] qu'on te cajole.

CHARLOTTE – Oh ! Piarrot, ce n'est pas ce que tu penses. Ce monsieur veut m'épouser, et tu ne dois pas te bouter[2] en colère.

PIERROT – Quement ? Jerni[3] ! tu m'es promise.

300 CHARLOTTE – Ça n'y fait rien, Piarrot. Si tu m'aimes, ne dois-tu pas être bien aise que je devienne Madame ?

PIERROT – Jerniqué ! non. J'aime mieux te voir crevée que de te voir à un autre.

CHARLOTTE – Va, va, Piarrot, ne te mets point en peine : si je
305 sis Madame, je te ferai gagner queuque chose et tu apporteras du beurre et du fromage cheux nous.

PIERROT – Ventrequenne ! je gni en porterai jamais, quand tu m'en poyerois deux fois autant. Est-ce donc comme ça que t'écoutes ce qu'il te dit ? Morquenne ! si j'avois su ça tantôt,
310 je me serois bian gardé de le tirer de gliau, et je gli aurois baillé un bon coup d'aviron sur la tête.

DON JUAN, *s'approchant de Pierrot pour le frapper* – Qu'est-ce que vous dites ?

PIERROT, *s'éloignant derrière Charlotte* – Jerniquenne ! je ne crains
315 parsonne.

DON JUAN, *passe du côté où est Pierrot* – Attendez-moi un peu.

PIERROT, *repasse de l'autre côté de Charlotte* – Je me moque de tout, moi.

DON JUAN, *court après Pierrot* – Voyons cela.

320 PIERROT, *se sauve encore derrière Charlotte* – J'en avons bien vu d'autres.

**notes** 

| 1. **d'endurer** : d'accepter. | 2. **bouter** : mettre. | 3. **jerni** : je ne suis pas d'accord. |

**69**

DON JUAN – Houais !

SGANARELLE – Eh ! Monsieur, laissez là ce pauvre misérable. C'est conscience[1] de le battre. Écoute, mon pauvre garçon, retire-toi, et ne lui dis rien.

325  PIERROT, *passe devant Sganarelle et dit fièrement à Don Juan* – Je veux lui dire, moi !

DON JUAN, *lève la main pour donner un soufflet à Pierrot, qui baisse la tête, et Sganarelle reçoit le soufflet* – Ah ! je vous apprendrai.

SGANARELLE, *regardant Pierrot, qui s'est baissé pour éviter le soufflet* –
330  Peste soit du maroufle[2] !

DON JUAN – Te voilà payé de ta charité.

PIERROT – Jarni ! je vas dire à sa tante tout ce ménage-ci[3].

DON JUAN – Enfin je m'en vais être le plus heureux de tous les hommes, et je ne changerais pas mon bonheur à[4] toutes les
335  choses du monde. Que de plaisirs quand vous serez ma femme ! et que...

# Scène 4

DON JUAN, SGANARELLE, CHARLOTTE, MATHURINE

SGANARELLE, *apercevant Mathurine* – Ah ! ah !

MATHURINE, *à Don Juan* – Monsieur, que faites-vous donc là avec Charlotte ? Est-ce que vous lui parlez d'amour aussi ?

340  DON JUAN, *à Mathurine* – Non, au contraire, c'est elle qui me témoignait une envie d'être ma femme, et je lui répondais que j'étais engagé à vous.

**notes** ........................................................

1. **c'est conscience :** c'est mal.

2. **peste soit du maroufle :** que la peste emporte ce gredin.

3. **tout ce ménage-ci :** toute cette affaire.

4. **à :** contre.

CHARLOTTE – Qu'est-ce que c'est donc que vous veut Mathurine ?

345 DON JUAN, *bas à Charlotte* – Elle est jalouse de me voir vous parler, et voudrait bien que je l'épousasse ; mais je lui dis que c'est vous que je veux.

MATHURINE – Quoi ? Charlotte...

DON JUAN, *bas à Mathurine* – Tout ce que vous lui direz sera
350 inutile ; elle s'est mis cela dans la tête.

CHARLOTTE – Quement donc ! Mathurine...

DON JUAN, *bas à Charlotte* – C'est en vain que vous lui parlerez ; vous ne lui ôterez point cette fantaisie[1].

MATHURINE – Est-ce que... ?

355 DON JUAN, *bas à Mathurine* – Il n'y a pas moyen de lui faire entendre raison.

CHARLOTTE – Je voudrais...

DON JUAN, *bas à Charlotte* – Elle est obstinée comme tous les diables.

360 MATHURINE – Vramant...

DON JUAN, *bas à Mathurine* – Ne lui dites rien, c'est une folle.

CHARLOTTE – Je pense...

DON JUAN, *bas à Charlotte* – Laissez-la là, c'est une extravagante.

MATHURINE – Non, non : il faut que je lui parle.

365 CHARLOTTE – Je veux voir un peu ses raisons[2].

MATHURINE – Quoi ?...

DON JUAN, *bas à Mathurine* – Je gage[3] qu'elle va vous dire que je lui ai promis de l'épouser.

**notes** ......................................................................................................................

| **1. fantaisie :** idée fixe. | **2. raisons :** explications. | **3. je gage :** je parie.

**71**

CHARLOTTE – Je...

370 DON JUAN, *bas à Charlotte* – Gageons qu'elle vous soutiendra que je lui ai donné parole de la prendre pour femme.

MATHURINE – Holà ! Charlotte, ça n'est pas bien de courir sur le marché des autres[1].

CHARLOTTE – Ça n'est pas honnête, Mathurine, d'être jalouse
375 que Monsieur me parle.

MATHURINE – C'est moi que Monsieur a vue la première.

CHARLOTTE – S'il vous a vue la première, il m'a vue la seconde et m'a promis de m'épouser.

DON JUAN, *bas à Mathurine* – Eh bien ! que vous ai-je dit ?

380 MATHURINE – Je vous baise les mains[2], c'est moi, et non pas vous, qu'il a promis d'épouser.

DON JUAN, *bas à Charlotte* – N'ai-je pas deviné ?

CHARLOTTE – À d'autres, je vous prie ; c'est moi, vous dis-je.

MATHURINE – Vous vous moquez des gens ; c'est moi, encore un
385 coup.

CHARLOTTE – Le vlà qui est pour le dire[3], si je n'ai pas raison.

MATHURINE – Le vlà qui est pour me démentir, si je ne dis pas vrai.

CHARLOTTE – Est-ce, Monsieur, que vous lui avez promis de
390 l'épouser ?

DON JUAN, *bas à Charlotte* – Vous vous raillez de moi.

MATHURINE – Est-il vrai, Monsieur, que vous lui avez donné parole d'être son mari ?

## notes

1. **courir sur le marché des autres :** chercher à s'accaparer les avantages des autres.

2. **je vous baise les mains :** équivalent d'« excusez-moi ».

3. **le vlà qui est pour le dire :** il va le dire lui-même.

DON JUAN, *bas à Mathurine* – Pouvez-vous avoir cette pensée ?

395    CHARLOTTE – Vous voyez qu'al le soutient.

DON JUAN, *bas à Charlotte* – Laissez-la faire.

MATHURINE – Vous êtes témoin comme al l'assure.

DON JUAN, *bas à Mathurine* – Laissez-la dire.

CHARLOTTE – Non, non, il faut savoir la vérité.

400    MATHURINE – Il est question de juger ça[1].

CHARLOTTE – Oui, Mathurine, je veux que Monsieur vous montre votre bec jaune[2].

MATHURINE – Oui, Charlotte, je veux que Monsieur vous rende un peu camuse[3].

**Don Juan, Charlotte et Mathurine, mise en scène de Martine Beaulne, Théâtre du Nouveau Monde, 2000.**

**notes**

1. **il est question de juger ça :** il faut trancher.

2. **votre bec jaune :** attribut de l'oie, volatile qui symbolise la naïveté, la sottise.

3. **vous rende camuse :** vous fasse honte.

405 CHARLOTTE – Monsieur, vuidez la querelle[1], s'il vous plaît.

MATHURINE – Mettez-nous d'accord, Monsieur.

CHARLOTTE, *à Mathurine* – Vous allez voir.

MATHURINE, *à Charlotte* – Vous allez voir vous-même.

CHARLOTTE, *à Don Juan* – Dites.

410 MATHURINE, *à Don Juan* – Parlez.

DON JUAN, *embarrassé, leur dit à toutes deux* – Que voulez-vous que je dise ? Vous soutenez également toutes deux que je vous ai promis de vous prendre pour femmes. Est-ce que chacune de vous ne sait pas ce qui en est, sans qu'il soit nécessaire que je 415 m'explique davantage ? Pourquoi m'obliger là-dessus à des redites ? Celle à qui j'ai promis effectivement n'a-t-elle pas en elle-même de quoi se moquer des discours de l'autre, et doit-elle se mettre en peine, pourvu que j'accomplisse ma promesse ? Tous les discours n'avancent point les choses ; il faut faire et 420 non pas dire, et les effets[2] décident mieux que les paroles. Aussi n'est-ce rien que par là que je vous veux mettre d'accord, et l'on verra, quand je me marierai, laquelle des deux a mon cœur. *(Bas, à Mathurine.)* Laissez-lui croire ce qu'elle voudra. *(Bas, à Charlotte.)* Laissez-la se flatter dans son imagination. *(Bas, à* 425 *Mathurine.)* Je vous adore. *(Bas, à Charlotte.)* Je suis tout à vous. *(Bas, à Mathurine.)* Tous les visages sont laids auprès du vôtre. *(Bas, à Charlotte.)* On ne peut plus souffrir[3] les autres quand on vous a vue. J'ai un petit ordre à donner ; je viens vous retrouver dans un quart d'heure.

430 CHARLOTTE, *à Mathurine* – Je suis celle qu'il aime, au moins.

---

**notes**

1. **vuidez la querelle :** tranchez.

2. **effets :** actes.
3. **souffrir :** supporter.

MATHURINE – C'est moi qu'il épousera.

SGANARELLE – Ah ! pauvres filles que vous êtes, j'ai pitié de votre innocence, et je ne puis souffrir de vous voir courir à votre malheur. Croyez-moi l'une et l'autre : ne vous amusez point à[1]
435 tous les contes qu'on vous fait, et demeurez dans votre village.

DON JUAN, *revenant* – Je voudrais bien savoir pourquoi Sganarelle ne me suit pas.

SGANARELLE – Mon maître est un fourbe ; il n'a dessein que de vous abuser, et en a bien abusé d'autres ; c'est l'épouseur du
440 genre humain, et... *(Il aperçoit Don Juan.)* Cela est faux ; et quiconque vous dira cela, vous lui devez dire qu'il en a menti. Mon maître n'est point l'épouseur du genre humain, il n'est point fourbe, il n'a pas dessein de vous tromper, et n'en a point abusé d'autres. Ah ! tenez, le voilà ; demandez-le plutôt à lui-même.

445 DON JUAN – Oui.

SGANARELLE – Monsieur, comme le monde est plein de médisants, je vais au-devant des choses ; et je leur disais que, si quelqu'un leur venait dire du mal de vous, elles se gardassent bien de le croire, et ne manquassent pas de lui dire qu'il en
450 aurait menti.

DON JUAN – Sganarelle.

SGANARELLE – Oui, Monsieur est homme d'honneur, je le garantis tel.

DON JUAN – Hon !

455 SGANARELLE – Ce sont des impertinents.

**note**

**1. ne vous amusez point à :** ne vous laissez pas séduire par, ne perdez pas votre temps.

**75**

# Scène 5

Don Juan, La Ramée,
Charlotte, Mathurine,
Sganarelle

La Ramée – Monsieur, je viens vous avertir qu'il ne fait pas bon ici pour vous.

Don Juan – Comment ?

La Ramée – Douze hommes à cheval vous cherchent, qui doivent arriver ici dans un moment ; je ne sais pas par quel moyen ils peuvent vous avoir suivi ; mais j'ai appris cette nouvelle d'un paysan qu'ils ont interrogé, et auquel ils vous ont dépeint. L'affaire presse, et le plus tôt que vous pourrez sortir d'ici sera le meilleur.

Don Juan, *à Charlotte et Mathurine* – Une affaire pressante m'oblige de partir d'ici ; mais je vous prie de vous ressouvenir de la parole que je vous ai donnée, et de croire que vous aurez de mes nouvelles avant qu'il soit demain au soir. *(Charlotte et Mathurine s'éloignent.)* Comme la partie n'est pas égale, il faut user de stratagème, et éluder adroitement le malheur qui me cherche. Je veux que Sganarelle se revête de mes habits, et moi...

Sganarelle – Monsieur, vous vous moquez. M'exposer à être tué sous vos habits, et...

Don Juan – Allons vite ! c'est trop d'honneur que je vous fais, et bien heureux est le valet qui peut avoir la gloire de mourir pour son maître.

Sganarelle – Je vous remercie d'un tel honneur. Ô Ciel, puisqu'il s'agit de mort, fais-moi la grâce de n'être point pris pour un autre !

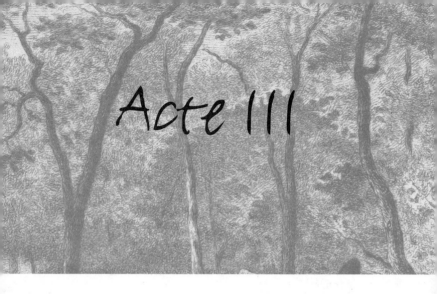

# Acte III

## Scène 1

DON JUAN, *en habit de campagne*[1],
SGANARELLE, *en médecin*

SGANARELLE – Ma foi, Monsieur, avouez que j'ai eu raison, et que nous voilà l'un et l'autre déguisés à merveille. Votre premier dessein n'était point du tout à propos, et ceci nous cache bien mieux que tout ce que vous vouliez faire.

5  DON JUAN – Il est vrai que te voilà bien, et je ne sais où tu as été déterrer cet attirail ridicule.

SGANARELLE – Oui ? C'est l'habit d'un vieux médecin, qui a été laissé en gage[2] au lieu où je l'ai pris, et il m'en a coûté de l'argent pour l'avoir. Mais savez-vous, Monsieur, que cet habit
10  me met déjà en considération, que je suis salué des gens que je rencontre, et que l'on me vient consulter ainsi qu'un habile[3] homme ?

notes
........................................................................

| **1. habit de campagne :** tenue de voyage. | **2. en gage :** en guise de paiement. | **3. habile :** savant. |

**DON JUAN** – Comment donc ?

**SGANARELLE** – Cinq ou six paysans et paysannes, en me voyant
passer, me sont venus demander mon avis sur différentes
maladies.

**DON JUAN** – Tu leur as répondu que tu n'y entendais rien ?

**SGANARELLE** – Moi ? Point du tout. J'ai voulu soutenir l'honneur
de mon habit : j'ai raisonné sur le mal, et leur ai fait des ordonnances à chacun.

**DON JUAN** – Et quels remèdes encore leur as-tu ordonnés ?

**SGANARELLE** – Ma foi ! Monsieur, j'en ai pris par où j'en ai pu
attraper ; j'ai fait mes ordonnances à l'aventure, et ce serait une
chose plaisante si les malades guérissaient, et qu'on m'en vînt
remercier.

**DON JUAN** – Et pourquoi non ? Par quelle raison n'aurais-tu pas
les mêmes privilèges qu'ont tous les autres médecins ? Ils n'ont
pas plus de part que toi aux guérisons des malades, et tout leur
art est pure grimace[1]. Ils ne font rien que recevoir la gloire des
heureux succès[2], et tu peux profiter comme eux du bonheur du
malade, et voir attribuer à tes remèdes tout ce qui peut venir des
faveurs du hasard et des forces de la nature.

**SGANARELLE** – Comment, Monsieur, vous êtes aussi impie en
médecine ?

**DON JUAN** – C'est une des grandes erreurs qui soit parmi les
hommes.

**SGANARELLE** – Quoi ? vous ne croyez pas au séné[3], ni à la casse[4],
ni au vin émétique[5] ?

**notes**

1. **grimace** : mise en scène.
2. **heureux succès** : bons résultats.
3. **séné** : graine à effet laxatif.
4. **casse** : gousse à effet laxatif.
5. **émétique** : vomitif.

DON JUAN – Et pourquoi veux-tu que j'y croie ?

40    SGANARELLE – Vous avez l'âme bien mécréante. Cependant vous voyez depuis un temps que le vin émétique fait bruire ses fuseaux[1]. Ses miracles ont converti les plus incrédules esprits, et il n'y a pas trois semaines que j'en ai vu, moi qui vous parle, un effet merveilleux.

45    DON JUAN – Et quel ?

SGANARELLE – Il y avait un homme qui, depuis six jours, était à l'agonie ; on ne savait plus que lui ordonner, et tous les remèdes ne faisaient rien ; on s'avisa à la fin de lui donner de l'émétique.

DON JUAN – Il réchappa, n'est-ce pas ?

50    SGANARELLE – Non, il mourut.

DON JUAN – L'effet est admirable.

SGANARELLE – Comment ? il y avait six jours entiers qu'il ne pouvait mourir, et cela le fit mourir tout d'un coup. Voulez-vous rien de plus efficace ?

55    DON JUAN – Tu as raison.

SGANARELLE – Mais laissons là la médecine, où vous ne croyez point, et parlons des autres choses ; car cet habit me donne de l'esprit, et je me sens en humeur de disputer contre vous[2]. Vous savez bien que vous me permettez les disputes, et que vous

60    ne me défendez que les remontrances.

DON JUAN – Eh bien ?

SGANARELLE – Je veux savoir un peu vos pensées à fond. Est-il possible que vous ne croyiez point du tout au Ciel ?

DON JUAN – Laissons cela.

**notes** ....................................................................................................

1. **fait bruire ses fuseaux :** fait grand bruit. Ce remède était alors très controversé | dans le milieu médical et défendu par Mauvillain, le médecin de Molière. | 2. **disputer contre vous :** discuter avec vous.

**79**

65 SGANARELLE – C'est-à-dire que non. Et à l'Enfer ?

DON JUAN – Eh !

SGANARELLE – Tout de même[1]. Et au Diable, s'il vous plaît ?

DON JUAN – Oui, oui.

SGANARELLE – Aussi peu. Ne croyez-vous point l'autre vie ?

70 DON JUAN – Ah ! ah ! ah !

SGANARELLE – Voilà un homme que j'aurai bien de la peine
à convertir. Et dites-moi un peu, [le Moine bourru[2], qu'en
croyez-vous ? eh !

DON JUAN – La peste soit du fat[3] !

75 SGANARELLE – Et voilà ce que je ne puis souffrir ; car il n'y a rien
de plus vrai que le Moine bourru, et je me ferais pendre pour
celui-là. Mais] encore faut-il croire quelque chose [dans le
monde]. Qu'est-ce donc que vous croyez ?

DON JUAN – Ce que je crois ?

80 SGANARELLE – Oui.

DON JUAN – Je crois que deux et deux sont quatre, Sganarelle,
et que quatre et quatre sont huit[4].

SGANARELLE – La belle croyance [et les beaux articles de foi] que
voilà ! Votre religion, à ce que je vois, est donc l'arithmétique ?

85 Il faut avouer qu'il se met d'étranges folies dans la tête des
hommes, et que, pour avoir bien étudié, on en est bien moins
sage le plus souvent. Pour moi, Monsieur, je n'ai point étudié
comme vous, Dieu merci, et personne ne saurait se vanter de
m'avoir jamais rien appris ; mais, avec mon petit sens[5], mon petit

*passage analysé*

## notes

1. **tout de même :** pas plus.
2. **le Moine bourru :** fantôme qui apparaissait dans la période précédant Noël et persécutait ceux qu'il rencontrait.
3. **la peste soit du fat :** que la peste emporte ce prétentieux.
4. **je crois que [...] huit :** Tallemant des Réaux rapporte qu'une heure avant sa mort le prince de Nassau fit cette réponse à un théologien protestant.
5. **sens :** bon sens.

90 jugement, je vois les choses mieux que tous les livres, et je comprends fort bien que ce monde que nous voyons n'est pas un champignon qui soit venu tout seul en une nuit. Je voudrais bien vous demander qui a fait ces arbres-là, ces rochers, cette terre, et ce ciel que voilà là-haut, et si tout cela s'est bâti de lui-même. Vous
95 voilà vous, par exemple, vous êtes là : est-ce que vous vous êtes fait tout seul et n'a-t-il pas fallu que votre père ait engrossé votre mère pour vous faire ? Pouvez-vous voir toutes les inventions dont la machine[1] de l'homme est composée sans admirer de quelle façon cela est agencé l'un dans l'autre ? ces nerfs, ces os, ces veines, ces
100 artères, ces..., ce poumon, ce cœur, ce foie, et tous ces autres ingrédients qui sont là et qui... Oh ! dame, interrompez-moi donc, si vous voulez. Je ne saurais disputer, si l'on ne m'interrompt. Vous vous taisez exprès, et me laissez parler par belle malice.

DON JUAN – J'attends que ton raisonnement soit fini.

105 SGANARELLE – Mon raisonnement est qu'il y a quelque chose d'admirable dans l'homme, quoi que vous puissiez dire, que tous les savants ne sauraient expliquer. Cela n'est-il pas merveilleux que me voilà ici, et que j'aie quelque chose dans la tête qui pense cent choses différentes en un moment, et fait de mon
110 corps tout ce qu'elle veut ? Je veux frapper des mains, hausser le bras, lever les yeux au ciel, baisser la tête, remuer les pieds, aller à droit, à gauche, en avant, en arrière, tourner...

*(Il se laisse tomber en tournant.)*

DON JUAN – Bon ! voilà ton raisonnement qui a le nez cassé.

115 SGANARELLE – Morbleu[2] ! je suis bien sot de m'amuser[3] à raisonner avec vous. Croyez ce que vous voudrez : il m'importe bien que vous soyez damné !

*passage analysé*

## notes

1. **machine** : organisme.
2. **Morbleu** : déformation argotique de « par la mort de Dieu ».
3. **m'amuser** : me laisser aller à.

DON JUAN – Mais, tout en raisonnant, je crois que nous sommes égarés. Appelle un peu cet homme que voilà là-bas, pour lui demander le chemin.

120

SGANARELLE – Holà, ho, l'homme ! ho, mon compère ! ho, l'ami ! un petit mot, s'il vous plaît.

## **Scène 2**     DON JUAN, SGANARELLE, UN PAUVRE

SGANARELLE – Enseignez-nous un peu le chemin qui mène à la ville.

125

LE PAUVRE – Vous n'avez qu'à suivre cette route, Messieurs, et détourner à main droite quand vous serez au bout de la forêt. Mais je vous donne avis que vous devez vous tenir sur vos gardes, et que, depuis quelque temps, il y a des voleurs ici autour.

DON JUAN – Je te suis bien obligé, mon ami, et je te rends grâce

130

de tout mon cœur.

LE PAUVRE – Si vous vouliez, Monsieur, me secourir de quelque aumône ?

DON JUAN – Ah ! ah ! ton avis est intéressé, à ce que je vois.

LE PAUVRE – Je suis un pauvre homme, Monsieur, retiré tout seul

135

dans ce bois depuis dix ans, et je ne manquerai pas de prier le Ciel qu'il vous donne toute sorte de biens.

DON JUAN – Eh ! prie-le qu'il te donne un habit, sans te mettre en peine des affaires des autres.

SGANARELLE – Vous ne connaissez pas Monsieur, bon homme : il

140

ne croit qu'en deux et deux sont quatre et en quatre et quatre sont huit.

Don Juan, le pauvre et Sganarelle,
mise en scène de Lorraine Pintal,
Théâtre du Nouveau Monde, 2007.

DON JUAN – Quelle est ton occupation parmi ces arbres ?

LE PAUVRE – De prier le Ciel tout le jour pour la prospérité des gens de bien[1] qui me donnent quelque chose.

145 DON JUAN – Il ne se peut donc pas que tu ne sois bien à ton aise ?

LE PAUVRE – Hélas ! Monsieur, je suis dans la plus grande nécessité[2] du monde.

DON JUAN – Tu te moques : un homme qui prie le Ciel tout le jour ne peut pas manquer d'être bien dans ses affaires.

150 LE PAUVRE – Je vous assure, Monsieur, que le plus souvent je n'ai pas un morceau de pain à mettre sous les dents.

DON JUAN – [Voilà qui est étrange, et tu es bien mal reconnu de tes soins[3]. Ah ! ah ! je m'en vais te donner un louis d'or tout à l'heure, pourvu que tu veuilles jurer[4].

155 LE PAUVRE – Ah ! Monsieur, voudriez-vous que je commisse un tel péché ?

DON JUAN – Tu n'as qu'à voir si tu veux gagner un louis d'or ou non : en voici un que je te donne, si tu jures. Tiens : il faut jurer.

LE PAUVRE – Monsieur…

160 DON JUAN – À moins de cela tu ne l'auras pas.

SGANARELLE – Va, va, jure un peu, il n'y a pas de mal.

DON JUAN – Prends, le voilà ; prends, te dis-je ; mais jure donc.

LE PAUVRE – Non, Monsieur, j'aime mieux mourir de faim.

DON JUAN – Va, va], je te le donne pour l'amour de l'humanité.
165 Mais que vois-je là ? Un homme attaqué par trois autres ? La partie est trop inégale, et je ne dois pas souffrir[5] cette lâcheté.

---

**notes** ......................................................................................................

**1. gens de bien** : personnes généreuses.
**2. nécessité** : misère.

**3. reconnu de tes soins** : récompensé de tes services.
**4. jurer** : insulter le nom de Dieu.

**5. souffrir** : supporter.

**84**

# Scène 3

Don Juan, Don Carlos,
Sganarelle

Sganarelle – Mon maître est un vrai enragé d'aller se présenter à un péril qui ne le cherche pas ; mais, ma foi ! le secours a servi, et les deux ont fait fuir les trois.

170 Don Carlos, *l'épée à la main* – On voit, par la fuite de ces voleurs, de quel secours est votre bras. Souffrez, Monsieur, que je vous rende grâce d'une action si généreuse, et que...

Don Juan, *revenant l'épée à la main* – Je n'ai rien fait, Monsieur, que vous n'eussiez fait en ma place. Notre propre honneur est 175 intéressé[1] dans de pareilles aventures[2], et l'action de ces coquins était si lâche, que c'eût été y prendre part que de ne s'y pas opposer. Mais par quelle rencontre[3] vous êtes-vous trouvé entre leurs mains ?

Don Carlos – Je m'étais par hasard égaré d'un frère et de tous 180 ceux de notre suite ; et comme je cherchais à les rejoindre, j'ai fait rencontre de ces voleurs, qui d'abord ont tué mon cheval, et qui, sans votre valeur[4], en auraient fait autant de moi.

Don Juan – Votre dessein est-il d'aller du côté de la ville ?

Don Carlos – Oui, mais sans y vouloir entrer ; et nous nous 185 voyons obligés, mon frère et moi, à tenir la campagne[5] pour une de ces fâcheuses affaires qui réduisent les gentilshommes à se sacrifier, eux et leur famille, à la sévérité[6] de leur honneur, puisque enfin le plus doux succès en est toujours funeste, et que, si l'on ne quitte pas la vie, on est contraint de quitter le

---

## notes

**1. intéressé :** concerné.
**2. aventures :** situations.
**3. rencontre :** hasard.
**4. valeur :** courage.

**5. à tenir la campagne :** à rester mobilisés.
**6. à la sévérité :** aux exigences.

190 royaume, et c'est en quoi je trouve la condition d'un gentil-
homme malheureuse, de ne pouvoir point s'assurer[1] sur toute la
prudence et toute l'honnêteté de sa conduite, d'être asservi par
les lois de l'honneur au dérèglement de la conduite d'autrui, et
de voir sa vie, son repos et ses biens dépendre de la fantaisie du
195 premier téméraire qui s'avisera de lui faire une de ces injures
pour qui[2] un honnête homme[3] doit périr.

DON JUAN – On a cet avantage qu'on fait courir le même risque
et passer mal aussi le temps à ceux qui prennent fantaisie de
nous venir faire une offense de gaieté de cœur. Mais ne serait-
200 ce point une indiscrétion que de vous demander quelle peut
être votre affaire ?

DON CARLOS – La chose en est aux termes[4] de n'en plus faire de
secret, et lorsque l'injure a une fois éclaté, notre honneur ne va
point à vouloir[5] cacher notre honte, mais à faire éclater notre
205 vengeance, et à publier[6] même le dessein que nous en avons.
Ainsi, Monsieur, je ne feindrai point de vous dire[7] que l'offense
que nous cherchons à venger est une sœur séduite et enlevée
d'un couvent, et que l'auteur de cette offense est un Don Juan
Tenorio, fils de Don Louis Tenorio. Nous le cherchons depuis
210 quelques jours, et nous l'avons suivi ce matin, sur le rapport
d'un valet qui nous a dit qu'il sortait à cheval, accompagné de
quatre ou cinq, et qu'il avait pris le long de cette côte ; mais tous
nos soins ont été inutiles, et nous n'avons pu découvrir ce qu'il
est devenu.

215 DON JUAN – Le connaissez-vous, Monsieur, ce Don Juan dont
vous parlez ?

---

**notes**

1. **s'assurer** : se reposer.
2. **pour qui** : pour laquelle.
3. **honnête homme** : homme d'honneur.
4. **aux termes** : au point.
5. **ne va point à vouloir** : ne cherche pas.
6. **publier** : faire savoir.
7. **je ne feindrai point de vous dire** : je ne chercherai pas à vous cacher.

DON CARLOS – Non, quant à moi. Je ne l'ai jamais vu, et je l'ai seulement ouï dépeindre à mon frère[1] ; mais la renommée n'en dit pas force[2] bien, et c'est un homme dont la vie...

220 DON JUAN – Arrêtez, Monsieur, s'il vous plaît. Il est un peu de mes amis, et ce serait à moi une espèce de lâcheté, que d'en ouïr dire du mal.

DON CARLOS – Pour l'amour de vous, Monsieur, je n'en dirai rien du tout, et c'est bien la moindre chose que je vous doive,
225 après m'avoir sauvé la vie, que de me taire devant vous d'une personne[3] que vous connaissez, lorsque je ne puis en parler sans en dire du mal ; mais, quelque ami que vous lui soyez, j'ose espérer que vous n'approuverez pas son action, et ne trouverez pas étrange que nous cherchions d'en prendre la vengeance.

230 DON JUAN – Au contraire, je vous y veux servir, et vous épargner des soins inutiles. Je suis ami de Don Juan, je ne puis pas m'en empêcher ; mais il n'est pas raisonnable qu'il offense impunément des gentilshommes, et je m'engage à vous faire faire raison par lui[4].

235 DON CARLOS – Et quelle raison[5] peut-on faire à ces sortes d'injures ?

DON JUAN – Toutes celles que votre honneur peut souhaiter ; et sans vous donner la peine de chercher Don Juan davantage, je m'oblige à le faire trouver[6] au lieu que vous voudrez, et quand
240 il vous plaira.

DON CARLOS – Cet espoir est bien doux, Monsieur, à des cœurs offensés ; mais, après ce que je vous dois, ce me serait une trop sensible douleur que vous fussiez de la partie.

### notes

1. **ouï dépeindre à mon frère :** entendu décrire par mon frère.
2. **force :** grand.

3. **d'une personne :** à propos d'une personne.
4. **à vous faire faire raison par lui :** à ce qu'il répare l'injure qu'il vous a faite.

5. **raison :** réparation.
6. **je m'oblige à le faire trouver :** je m'engage à ce qu'il se rende.

DON JUAN – Je suis si attaché à Don Juan qu'il ne saurait se battre
245    que je ne me batte aussi ; mais enfin j'en réponds comme de
moi-même, et vous n'avez qu'à dire quand vous voulez qu'il
paraisse et vous donne satisfaction.

DON CARLOS – Que ma destinée est cruelle ! Faut-il que je vous
doive la vie, et que Don Juan soit de vos amis ?

## Scène 4

DON ALONSE ET TROIS SUIVANTS,
DON CARLOS, DON JUAN,
SGANARELLE

250    DON ALONSE – Faites boire là mes chevaux, et qu'on les amène
après nous[1] ; je veux un peu marcher à pied. Ô Ciel ! que vois-
je ici ? Quoi ? mon frère, vous voilà avec notre ennemi mortel ?

DON CARLOS – Notre ennemi mortel ?

DON JUAN, *se reculant trois pas et mettant fièrement la main sur la garde*
255    *de son épée* – Oui, je suis Don Juan moi-même, et l'avantage du
nombre ne m'obligera pas à vouloir déguiser mon nom.

DON ALONSE – Ah ! traître, il faut que tu périsses, et...

DON CARLOS – Ah ! mon frère, arrêtez ! je lui suis redevable de
la vie ; et sans le secours de son bras, j'aurais été tué par des
260    voleurs que j'ai trouvés.

DON ALONSE – Et voulez-vous que cette considération empêche
notre vengeance ? Tous les services que nous rend une main
ennemie ne sont d'aucun mérite pour engager notre âme[2] ; et

notes

**1. qu'on les amène après
nous :** qu'on les mène
derrière nous.

**2. ne sont d'aucun mérite
pour engager notre âme :**
ne nous lient nullement.

265 s'il faut mesurer l'obligation à l'injure, votre reconnaissance, mon frère, est ici ridicule ; et comme l'honneur est infiniment plus précieux que la vie, c'est ne devoir rien proprement que d'être redevable de la vie à qui nous a ôté l'honneur.

DON CARLOS – Je sais la différence, mon frère, qu'un gentil-homme doit toujours mettre entre l'un et l'autre, et la recon-
270 naissance de l'obligation[1] n'efface point en moi le ressentiment de l'injure[2] ; mais souffrez que je lui rende ici ce qu'il m'a prêté, que je m'acquitte sur-le-champ de la vie que je lui dois, par un délai de notre vengeance, et lui laisse la liberté de jouir, durant quelques jours, du fruit de son bienfait.

275 DON ALONSE – Non, non, c'est hasarder notre vengeance[3] que de la reculer, et l'occasion de la prendre peut ne plus revenir. Le Ciel nous l'offre ici, c'est à nous d'en profiter. Lorsque l'honneur est blessé mortellement, on doit ne point songer à garder aucunes mesures ; et si vous répugnez à prêter votre bras à cette
280 action, vous n'avez qu'à vous retirer et laisser à ma main la gloire d'un tel sacrifice.

DON CARLOS – De grâce, mon frère...

DON ALONSE – Tous ces discours sont superflus : il faut qu'il meure.

285 DON CARLOS – Arrêtez-vous, dis-je, mon frère. Je ne souffrirai point du tout qu'on attaque ses jours, et je jure le Ciel que je le défendrai ici contre qui que ce soit, et je saurai lui faire un rempart de cette même vie qu'il a sauvée ; et pour adresser vos coups[4], il faudra que vous me perciez.

---

**notes**

1. **la reconnaissance de l'obligation** : la conscience de la dette.

2. **le ressentiment de l'injure** : la rancune créée par l'injure.

3. **hasarder notre vengeance** : rendre notre vengeance incertaine.

4. **adresser vos coups** : le toucher.

290 DON ALONSE – Quoi ! vous prenez le parti de notre ennemi contre moi, et loin d'être saisi à son aspect des mêmes transports[1] que je sens, vous faites voir pour lui des sentiments pleins de douceur ?

DON CARLOS – Mon frère, montrons de la modération dans une
295 action légitime, et ne vengeons point notre honneur avec cet emportement que vous témoignez. Ayons du cœur dont nous soyons les maîtres, une valeur qui n'ait rien de farouche[2], et qui se porte aux choses par une pure délibération de notre raison, et non point par le mouvement d'une aveugle colère. Je ne veux
300 point, mon frère, demeurer redevable à mon ennemi, et je lui ai une obligation dont il faut que je m'acquitte avant toute chose. Notre vengeance, pour être différée, n'en sera pas moins éclatante : au contraire, elle en tirera de l'avantage ; et cette occasion de l'avoir pu prendre la fera paraître plus juste aux
305 yeux de tout le monde.

DON ALONSE – Ô l'étrange faiblesse, et l'aveuglement effroyable d'hasarder ainsi les intérêts de son honneur pour la ridicule pensée d'une obligation chimérique !

DON CARLOS – Non, mon frère, ne vous mettez pas en peine. Si
310 je fais une faute, je saurai bien la réparer, et je me charge de tout le soin de notre honneur ; je sais à quoi il nous oblige, et cette suspension d'un jour, que ma reconnaissance lui demande, ne fera qu'augmenter l'ardeur que j'ai de le satisfaire. Don Juan, vous voyez que j'ai soin de vous rendre le bien que j'ai reçu de
315 vous, et vous devez par là juger du reste, croire que je m'acquitte avec même chaleur de ce que je dois, et que je ne serai pas moins exact à vous payer l'injure que le bienfait. Je ne veux

notes ······

1. **transports** : sentiments violents, colère.

2. **une valeur qui n'ait rien de farouche** : un courage qui n'ait rien de barbare.

90

point vous obliger ici à expliquer vos sentiments, et je vous
donne la liberté de penser à loisir aux résolutions que vous avez
320 à prendre. Vous connaissez assez la grandeur de l'offense que
vous nous avez faite, et je vous fais juge vous-même des répa-
rations qu'elle demande. Il est des moyens doux pour nous satisfaire ; il en est de violents et de sanglants ; mais enfin, quelque
choix que vous fassiez, vous m'avez donné parole de me faire
325 faire raison par Don Juan[1] : songez à me la faire[2], je vous prie,
et vous ressouvenez que, hors d'ici, je ne dois plus qu'à mon
honneur.

DON JUAN — Je n'ai rien exigé de vous, et vous tiendrai ce que
j'ai promis.

330 DON CARLOS — Allons, mon frère : un moment de douceur ne
fait aucune injure à la sévérité de notre devoir.

# Scène 5 DON JUAN, SGANARELLE

DON JUAN — Holà, hé, Sganarelle !

SGANARELLE — Plaît-il ?

DON JUAN — Comment ? coquin, tu fuis quand on m'attaque ?

335 SGANARELLE — Pardonnez-moi, Monsieur, je viens seulement
d'ici près. Je crois que cet habit est purgatif, et que c'est prendre
médecine[3] que de le porter.

DON JUAN — Peste soit l'insolent ! Couvre au moins ta poltronnerie d'un voile plus honnête. Sais-tu bien qui est celui à qui j'ai
340 sauvé la vie ?

**notes**

| 1. **de me faire raison par Don Juan :** que Don Juan m'en répondrait. | 2. **à me la faire :** à le faire, à vous en acquitter. | 3. **prendre médecine :** prendre un médicament. |

91

SGANARELLE – Moi ? Non.

DON JUAN – C'est un frère d'Elvire.

SGANARELLE – Un...

DON JUAN – Il est assez honnête[1] homme, il en a bien usé[2], et j'ai
345    regret d'avoir démêlé avec lui.

SGANARELLE – Il vous serait aisé de pacifier toutes choses.

DON JUAN – Oui ; mais ma passion est usée pour Done Elvire, et
l'engagement ne compatit point avec mon humeur[3]. J'aime
la liberté en amour, tu le sais, et je ne saurais me résoudre à
350    renfermer mon cœur entre quatre murailles. Je te l'ai dit vingt
fois, j'ai une pente naturelle à me laisser aller à tout ce qui
m'attire. Mon cœur est à toutes les belles, et c'est à elles à le
prendre tour à tour, et à le garder tant qu'elles le pourront. Mais
quel est le superbe édifice que je vois entre ces arbres ?

355    SGANARELLE –Vous ne le savez pas ?

DON JUAN – Non, vraiment.

SGANARELLE – Bon ! c'est le tombeau que le Commandeur[4]
faisait faire lorsque vous le tuâtes.

DON JUAN – Ah ! tu as raison. Je ne savais pas que c'était de ce
360    côté-ci qu'il était. Tout le monde m'a dit des merveilles de cet
ouvrage, aussi bien que de la statue du Commandeur, et j'ai
envie de l'aller voir.

SGANARELLE – Monsieur, n'allez point là.

DON JUAN – Pourquoi ?

365    SGANARELLE – Cela n'est pas civil[5], d'aller voir un homme que
vous avez tué.

**notes**

1. **honnête** : convenable.
2. **il en a bien usé** : il s'est bien conduit.

3. **l'engagement ne compatit point avec mon humeur** : le mariage ne convient pas à mon état d'esprit.

4. **Commandeur** : chevalier détenteur d'une commanderie dans un ordre religieux et militaire comme celui de Malte.
5. **civil** : bien élevé, poli.

DON JUAN – Au contraire, c'est une visite dont je lui veux faire civilité, et qu'il doit recevoir de bonne grâce, s'il est galant[1] homme. Allons, entrons dedans.

370 *(Le tombeau s'ouvre, où l'on voit un superbe mausolée et la statue du Commandeur.)*

SGANARELLE – Ah ! que cela est beau ! Les belles statues ! le beau marbre ! les beaux piliers ! Ah ! que cela est beau ! Qu'en dites-vous, Monsieur ?

375 DON JUAN – Qu'on ne peut voir aller plus loin l'ambition d'un homme mort ; et ce que je trouve admirable, c'est qu'un homme qui s'est passé[2], durant sa vie, d'une assez simple demeure, en veuille avoir une si magnifique pour quand il n'en a plus que faire.

380 SGANARELLE – Voici la statue du Commandeur.

DON JUAN – Parbleu ! le voilà bon[3], avec son habit d'empereur romain !

SGANARELLE – Ma foi, Monsieur, voilà qui est bien fait. Il semble qu'il est en vie et qu'il s'en va parler. Il jette des regards sur nous
385 qui me feraient peur, si j'étais tout seul, et je pense qu'il ne prend pas plaisir de nous voir.

DON JUAN – Il aurait tort, et ce serait mal recevoir l'honneur que je lui fais. Demande-lui s'il veut venir souper[4] avec moi.

SGANARELLE – C'est une chose dont il n'a pas besoin, je crois.

390 DON JUAN – Demande-lui, te dis-je.

SGANARELLE – Vous moquez-vous ? Ce serait être fou que d'aller parler à une statue.

**notes**

1. **galant** : de bonne éducation.
2. **passé** : contenté.

3. **bon** : beau.
4. **souper** : dîner.

**93**

DON JUAN – Fais ce que je te dis.

395 SGANARELLE – Quelle bizarrerie ! Seigneur Commandeur... je ris de ma sottise, mais c'est mon maître qui me la fait faire. Seigneur Commandeur, mon maître Don Juan vous demande si vous voulez lui faire l'honneur de venir souper avec lui. *(La statue baisse la tête.)* Ha !

DON JUAN – Qu'est-ce ? qu'as-tu ? Dis donc, veux-tu parler ?

400 SGANARELLE, *fait le même signe que lui a fait la statue et baisse la tête* – La statue...

DON JUAN – Eh bien, que veux-tu dire, traître ?

SGANARELLE – Je vous dis que la statue...

DON JUAN – Eh bien ! la statue ? Je t'assomme, si tu ne parles.

405 SGANARELLE – La statue m'a fait signe.

DON JUAN – La peste le coquin !

SGANARELLE – Elle m'a fait signe, vous dis-je : il n'est rien de plus vrai. Allez-vous-en lui parler vous-même, pour voir, peut-être...

DON JUAN – Viens, maraud, viens, je te veux bien faire tou-
410 cher au doigt ta poltronnerie. Prends garde. Le seigneur Commandeur voudrait-il venir souper avec moi ?

*(La statue baisse encore la tête.)*

SGANARELLE – Je ne voudrais pas en tenir dix pistoles[1]. Eh bien ! Monsieur ?

415 DON JUAN – Allons, sortons d'ici.

SGANARELLE – Voilà de mes esprits forts[2], qui ne veulent rien croire.

---

**notes** .................................................................................................

**1. en tenir dix pistoles :** parier une grosse somme là-dessus.

**2. esprits forts :** personnes qui croient savoir mieux que les autres, qui n'adoptent pas les croyances communes.

Don Juan et Sganarelle (James Hyndman et Benoît Brière),
mise en scène de Lorraine Pintal, Théâtre du Nouveau Monde, 2007.

## Scène 1

DON JUAN, SGANARELLE

DON JUAN – Quoi qu'il en soit, laissons cela : c'est une bagatelle,
et nous pouvons avoir été trompés par un faux jour, ou surpris
de quelque vapeur[1] qui nous ait troublé la vue.

SGANARELLE – Eh ! Monsieur, ne cherchez point à démentir ce
5    que nous avons vu des yeux que voilà. Il n'est rien de plus
véritable que ce signe de tête ; et je ne doute point que le
Ciel, scandalisé de votre vie, n'ait produit ce miracle pour vous
convaincre et pour vous retirer de…

DON JUAN – Écoute. Si tu m'importunes davantage de tes sottes
10   moralités[2], si tu me dis encore le moindre mot là-dessus, je vais
appeler quelqu'un, demander un nerf de bœuf, te faire tenir par
trois ou quatre, et te rouer de mille coups. M'entends-tu bien ?

notes

1. **vapeur** : brume,
brouillard.

2. **moralités** : leçons
de morale.

95

SGANARELLE – Fort bien, Monsieur, le mieux du monde. Vous vous expliquez clairement ; c'est ce qu'il y a de bon en vous, que vous n'allez point chercher de détours : vous dites les choses avec une netteté admirable.

DON JUAN – Allons, qu'on me fasse souper le plus tôt que l'on pourra. Une chaise, petit garçon.

# Scène 2

DON JUAN, LA VIOLETTE,
SGANARELLE

LA VIOLETTE – Monsieur, voilà votre marchand, monsieur Dimanche, qui demande à vous parler.

SGANARELLE – Bon ! voilà ce qu'il nous faut, qu'un compliment de créancier ! De quoi s'avise-t-il de nous venir demander de l'argent, et que ne lui disais-tu que Monsieur n'y est pas ?

LA VIOLETTE – Il y a trois quarts d'heure que je lui dis ; mais il ne veut pas le croire, et s'est assis là-dedans pour attendre.

SGANARELLE – Qu'il attende tant qu'il voudra.

DON JUAN – Non, au contraire, faites-le entrer. C'est une fort mauvaise politique que de se faire celer aux[1] créanciers. Il est bon de les payer de quelque chose, et j'ai le secret de les renvoyer satisfaits sans leur donner un double[2].

**notes** ........................

1. **se faire celer aux** : fuir les.
2. **double** : pièce de monnaie de peu de valeur.

# Scène 3

DON JUAN, M. DIMANCHE,
SGANARELLE, SUITE

DON JUAN, *faisant de grandes civilités* – Ah ! monsieur Dimanche, approchez. Que je suis ravi de vous voir, et que je veux de mal à mes gens de ne vous pas faire entrer d'abord[1] ! J'avais donné ordre qu'on ne me fît parler personne[2], mais cet ordre n'est pas pour vous, et vous êtes en droit de ne trouver jamais de porte fermée chez moi.

M. DIMANCHE – Monsieur, je vous suis fort obligé.

DON JUAN, *parlant à ses laquais* – Parbleu ! coquins, je vous apprendrai à laisser monsieur Dimanche dans une antichambre, et je vous ferai connaître les gens[3].

M. DIMANCHE – Monsieur, cela n'est rien.

DON JUAN – Comment ! vous dire que je n'y suis pas, à monsieur Dimanche, au meilleur de mes amis !

M. DIMANCHE – Monsieur, je suis votre serviteur. J'étais venu...

DON JUAN – Allons, vite, un siège pour monsieur Dimanche.

M. DIMANCHE – Monsieur, je suis bien comme cela.

DON JUAN – Point, point, je veux que vous soyez assis contre moi[4].

M. DIMANCHE – Cela n'est point nécessaire.

DON JUAN – Ôtez ce pliant[5], et apportez un fauteuil.

M. DIMANCHE – Monsieur, vous vous moquez, et...

## notes

**1. d'abord :** tout de suite.
**2. qu'on ne me fît parler personne :** qu'on ne fasse entrer personne pour me parler.

**3. connaître les gens :** savoir à qui vous avez affaire.
**4. contre moi :** près de moi.
**5. ôtez ce pliant :** le protocole voulait que la

nature du siège correspondît au rang social. Don Juan fait asseoir monsieur Dimanche sur un siège réservé aux plus hauts aristocrates.

DON JUAN – Non, non, je sais ce que je vous dois, et je ne veux point qu'on mette de différence entre nous deux.

M. DIMANCHE – Monsieur...

55 DON JUAN – Allons, asseyez-vous.

M. DIMANCHE – Il n'est pas besoin, Monsieur, et je n'ai qu'un mot à vous dire. J'étais...

DON JUAN – Mettez-vous là, vous dis-je.

M. DIMANCHE – Non, Monsieur. Je suis bien. Je viens pour...

60 DON JUAN – Non, je ne vous écoute point si vous n'êtes assis.

M. DIMANCHE – Monsieur, je fais ce que vous voulez. Je...

DON JUAN – Parbleu ! monsieur Dimanche, vous vous portez bien.

M. DIMANCHE – Oui, Monsieur, pour vous rendre service. Je suis
65 venu...

DON JUAN – Vous avez un fonds de santé admirable, des lèvres fraîches, un teint vermeil et des yeux vifs.

M. DIMANCHE – Je voudrais bien...

DON JUAN – Comment se porte madame Dimanche, votre
70 épouse ?

M. DIMANCHE – Fort bien, Monsieur, Dieu merci.

DON JUAN – C'est une brave femme.

M. DIMANCHE – Elle est votre servante, Monsieur. Je venais...

DON JUAN – Et votre petite fille Claudine, comment se porte-
75 t-elle ?

M. DIMANCHE – Le mieux du monde.

DON JUAN – La jolie petite fille que c'est ! je l'aime de tout mon cœur.

M. DIMANCHE – C'est trop d'honneur que vous lui faites,
80 Monsieur. Je vous...

**DON JUAN** – Et le petit Colin, fait-il toujours bien du bruit avec son tambour ?

**M. DIMANCHE** – Toujours de même, Monsieur. Je...

**DON JUAN** – Et votre petit chien Brusquet ? gronde-t-il toujours
85 aussi fort, et mord-il toujours bien aux jambes les gens qui vont chez vous ?

**M. DIMANCHE** – Plus que jamais, Monsieur, et nous ne saurions en chevir[1].

**DON JUAN** – Ne vous étonnez pas si je m'informe des nouvelles
90 de toute la famille, car j'y prends beaucoup d'intérêt.

**M. DIMANCHE** – Nous vous sommes, Monsieur, infiniment obligés. Je...

**DON JUAN**, *lui tendant la main* – Touchez donc là[2], monsieur Dimanche. Êtes-vous bien de mes amis ?

95 **M. DIMANCHE** – Monsieur, je suis votre serviteur.

**DON JUAN** – Parbleu ! je suis à vous de tout mon cœur.

**M. DIMANCHE** – Vous m'honorez trop. Je...

**DON JUAN** – Il n'y a rien que je ne fisse pour vous.

**M. DIMANCHE** – Monsieur, vous avez trop de bonté pour moi.

100 **DON JUAN** – Et cela sans intérêt, je vous prie de le croire.

**M. DIMANCHE** – Je n'ai point mérité cette grâce, assurément. Mais, Monsieur...

**DON JUAN** – Oh çà, monsieur Dimanche, sans façon, voulez-vous souper avec moi ?

**notes**

1. **nous ne saurions en chevir** : nous ne pouvons en venir à bout.

2. **touchez donc là** : serrez-moi la main. Ce geste, beaucoup plus solennel qu'aujourd'hui, confirme un accord, un engagement.

105     M. DIMANCHE – Non, Monsieur, il faut que je m'en retourne tout à l'heure[1]. Je...

DON JUAN, *se levant* – Allons, vite un flambeau pour conduire monsieur Dimanche, et que quatre ou cinq de mes gens prennent des mousquetons[2] pour l'escorter.

110     M. DIMANCHE, *se levant de même* – Monsieur, il n'est pas nécessaire, et je m'en irai bien tout seul. Mais...

*(Sganarelle ôte les sièges promptement.)*

DON JUAN – Comment ! je veux qu'on vous escorte, et je m'intéresse trop à votre personne ; je suis votre serviteur, et de

115     plus votre débiteur.

M. DIMANCHE – Ah ! Monsieur...

DON JUAN – C'est une chose que je ne cache pas, et je le dis à tout le monde.

M. DIMANCHE – Si...

120     DON JUAN – Voulez-vous que je vous reconduise ?

M. DIMANCHE – Ah ! Monsieur, vous vous moquez. Monsieur...

DON JUAN – Embrassez-moi[3] donc, s'il vous plaît. Je vous prie encore une fois d'être persuadé que je suis tout à vous, et qu'il n'y a rien au monde que je ne fisse pour votre service. *(Il sort.)*

125     SGANARELLE – Il faut avouer que vous avez en Monsieur un homme qui vous aime bien.

M. DIMANCHE – Il est vrai ; il me fait tant de civilités et tant de compliments, que je ne saurais jamais lui demander de l'argent.

---

**notes**

**1. tout à l'heure :** tout de suite.

**2. mousquetons :** armes à feu.

**3. embrassez-moi :** venez dans mes bras. Ce geste est normalement réservé à un égal.

SGANARELLE – Je vous assure que toute sa maison[1] périrait pour
130 vous ; et je voudrais qu'il vous arrivât quelque chose, que
quelqu'un s'avisât de vous donner des coups de bâton : vous
verriez de quelle manière...

M. DIMANCHE – Je le crois ; mais, Sganarelle, je vous prie de lui
dire un petit mot de mon argent.

135 SGANARELLE – Oh ! ne vous mettez pas en peine, il vous paiera
le mieux du monde.

M. DIMANCHE – Mais vous, Sganarelle, vous me devez quelque
chose en votre particulier[2].

SGANARELLE – Fi ! ne parlez pas de cela.

140 M. DIMANCHE – Comment ! Je...

SGANARELLE – Ne sais-je pas bien que je vous dois ?

M. DIMANCHE – Oui, mais...

SGANARELLE – Allons, monsieur Dimanche, je vais vous éclairer.

M. DIMANCHE – Mais mon argent...

145 SGANARELLE, *prenant M. Dimanche par le bras* – Vous moquez-vous ?

M. DIMANCHE – Je veux...

SGANARELLE, *le tirant* – Eh !

M. DIMANCHE – J'entends...

SGANARELLE, *le poussant* – Bagatelles !

150 M. DIMANCHE – Mais...

SGANARELLE, *le poussant* – Fi !

M. DIMANCHE – Je...

SGANARELLE, *le poussant tout à fait hors du théâtre* – Fi ! vous dis-je.

**notes** ..................................................................................................

**1. sa maison :** l'ensemble
de ses serviteurs.

**2. en votre particulier :**
en ce qui vous concerne,
de votre côté.

# *Scène 4*

Don Louis, Don Juan,
La Violette, Sganarelle

La Violette – Monsieur, voilà Monsieur votre père.

155 Don Juan – Ah ! me voici bien ! il me fallait cette visite pour me faire enrager.

Don Louis – Je vois bien que je vous embarrasse, et que vous vous passeriez fort aisément de ma venue. À dire vrai, nous nous incommodons étrangement[1] l'un l'autre ; et si vous êtes las de
160 me voir, je suis bien las aussi de vos déportements[2]. Hélas ! que nous savons peu ce que nous faisons quand nous ne laissons pas au Ciel le soin des choses qu'il nous faut, quand nous voulons être plus avisés que lui, et que nous venons à l'importuner par nos souhaits aveugles et nos demandes inconsidérées ! J'ai sou-
165 haité un fils avec des ardeurs non pareilles[3] ; je l'ai demandé sans relâche avec des transports incroyables[4] ; et ce fils, que j'obtiens en fatiguant le Ciel de vœux, est le chagrin et le supplice de cette vie même dont je croyais qu'il devait être la joie et la consolation. De quel œil, à votre avis, pensez-vous que je puisse
170 voir cet amas d'actions indignes, dont on a peine, aux yeux du monde, d'adoucir le mauvais visage[5], cette suite continuelle de méchantes[6] affaires, qui nous réduisent, à toutes heures, à lasser les bontés du Souverain, et qui ont épuisé auprès de lui le mérite de mes services[7] et le crédit de mes amis ? Ah ! quelle bassesse
175 est la vôtre ! Ne rougissez-vous point de mériter si peu votre naissance ? Êtes-vous en droit, dites-moi, d'en tirer quelque

---

*notes* ································································································

**1. étrangement :** de façon étonnante.

**2. déportements :** méfaits.

**3. des ardeurs non pareilles :** un courage exceptionnel.

**4. avec des transports incroyables :** intensément.

**5. adoucir le mauvais visage :** atténuer le mauvais effet.

**6. méchantes :** mauvaises.

**7. le mérite de mes services :** le crédit obtenu par mes services.

vanité ? Et qu'avez-vous fait dans le monde pour être gentil-
homme ? Croyez-vous qu'il suffise d'en porter le nom et les
armes[1], et que ce nous soit une gloire d'être sorti d'un sang
180 noble lorsque nous vivons en infâmes[2] ? Non, non, la naissance
n'est rien où la vertu n'est pas. Aussi nous n'avons part à la
gloire de nos ancêtres qu'autant que nous nous efforçons de
leur ressembler ; et cet éclat de leurs actions qu'ils répandent sur
nous, nous impose un engagement de leur faire le même hon-
185 neur, de suivre les pas qu'ils nous tracent[3], et de ne point dégénérer de leurs vertus[4], si nous voulons être estimés leurs
véritables descendants. Ainsi vous descendez en vain des aïeux
dont vous êtes né : ils vous désavouent pour leur sang[5], et tout
ce qu'ils ont fait d'illustre ne vous donne aucun avantage ; au
190 contraire, l'éclat n'en rejaillit sur vous qu'à votre déshonneur, et
leur gloire est un flambeau qui éclaire aux yeux d'un chacun la
honte de vos actions. Apprenez enfin qu'un gentilhomme qui
vit mal est un monstre dans la nature, que la vertu est le premier
titre de noblesse, que je regarde bien moins au nom qu'on signe
195 qu'aux actions qu'on fait, et que je ferais plus d'état[6] du fils d'un
crocheteur[7] qui serait honnête homme, que du fils d'un
monarque qui vivrait comme vous.

DON JUAN – Monsieur, si vous étiez assis, vous en seriez mieux
pour parler.

200 DON LOUIS – Non, insolent, je ne veux point m'asseoir, ni parler davantage, et je vois bien que toutes mes paroles ne font rien
sur ton âme. Mais sache, fils indigne, que la tendresse paternelle
est poussée à bout par tes actions, que je saurai, plus tôt que tu

**notes** ................................................................

| | | |
|---|---|---|
| **1. armes** : armoiries. | **4. dégénérer de leurs vertus :** être moins courageux (vertueux ?) qu'eux. | **6. d'état :** de cas. |
| **2. infâmes** : indignes. | | **7. crocheteur :** porteur utilisant un crochet pour tenir les charges. |
| **3. les pas qu'il nous tracent :** le chemin qu'ils nous ouvrent. | **5. ils vous désavouent pour leur sang :** ils vous renient. | |

**103**

205 ne penses, mettre une borne à tes dérèglements, prévenir sur toi[1] le courroux du Ciel, et laver par ta punition la honte de t'avoir fait naître. *(Il sort.)*

# Scène 5                    Don Juan, Sganarelle

Don Juan – Eh ! mourez le plus tôt que vous pourrez, c'est le mieux que vous puissiez faire. Il faut que chacun ait son tour, et j'enrage de voir des pères qui vivent autant que leurs fils.
210 *(Il se met dans son fauteuil.)*

Sganarelle – Ah ! Monsieur, vous avez tort.

Don Juan – J'ai tort ?

Sganarelle – Monsieur...

Don Juan, *se lève de son siège* – J'ai tort ?

215 Sganarelle – Oui, Monsieur, vous avez tort d'avoir souffert ce qu'il vous a dit, et vous le deviez mettre dehors par les épaules. A-t-on jamais rien vu de plus impertinent[2] ? Un père venir faire des remontrances à son fils, et lui dire de corriger ses actions, de se ressouvenir de sa naissance, de mener une vie
220 d'honnête homme, et cent autres sottises de pareille nature ! Cela se peut-il souffrir à un homme comme vous[3], qui savez comme il faut vivre ? J'admire votre patience ; et si j'avais été en votre place, je l'aurais envoyé promener. *(À part.)* Ô complaisance maudite, à quoi me réduis-tu !

225 Don Juan – Me fera-t-on souper bientôt ?

## notes

1. **prévenir sur toi** : devancer.
2. **impertinent** : déplacé.
3. **cela se peut-il souffrir à un homme comme vous** : un homme comme vous peut-il supporter cela.

## Scène 6

DON JUAN, DONE ELVIRE,
RAGOTIN, SGANARELLE

RAGOTIN – Monsieur, voici une dame voilée qui vient vous parler.

DON JUAN – Que pourrait-ce être ?

SGANARELLE – Il faut voir.

230 DONE ELVIRE – Ne soyez point surpris, Don Juan, de me voir à cette heure et dans cet équipage[1]. C'est un motif pressant qui m'oblige à cette visite, et ce que j'ai à vous dire ne veut point du tout de retardement. Je ne viens point ici pleine de ce courroux que j'ai tantôt fait éclater, et vous me voyez bien changée
235 de ce que j'étais ce matin. Ce n'est plus cette Done Elvire qui faisait des vœux contre vous, et dont l'âme irritée ne jetait que menaces et ne respirait que vengeance. Le Ciel a banni de mon âme toutes ces indignes ardeurs[2] que je sentais pour vous, tous ces transports[3] tumultueux d'un attachement criminel, tous ces
240 honteux emportements d'un amour terrestre et grossier ; et il n'a laissé dans mon cœur pour vous qu'une flamme épurée de tout le commerce des sens[4], une tendresse toute sainte, un amour détaché de tout, qui n'agit point pour soi, et ne se met en peine que de votre intérêt.

245 DON JUAN, à Sganarelle – Tu pleures, je pense.

SGANARELLE – Pardonnez-moi.

**notes** ........................................

1. **équipage** : tenue.
2. **ces indignes ardeurs** : cette passion méprisable.
3. **transports** : sentiments, élans.

4. **une flamme épurée de tout le commerce des sens** : un amour débarrassé de sensualité.

**105**

DONE ELVIRE – C'est ce parfait et pur amour qui me conduit ici pour votre bien, pour vous faire part d'un avis du Ciel, et tâcher de vous retirer du précipice où vous courez. Oui, Don Juan, je sais tous les dérèglements[1] de votre vie, et ce même Ciel qui m'a touché le cœur et fait jeter les yeux sur les égarements de ma conduite, m'a inspiré de vous venir trouver, et de vous dire, de sa part, que vos offenses ont épuisé sa miséricorde, que sa colère redoutable est prête de tomber sur vous, qu'il est en vous[2] de l'éviter par un prompt repentir, et que peut-être vous n'avez pas encore un jour à vous pouvoir soustraire au plus grand de tous les malheurs. Pour moi, je ne tiens plus à vous par aucun attachement du monde[3] ; je suis revenue, grâces au Ciel, de toutes mes folles pensées ; ma retraite est résolue[4], et je ne demande qu'assez de vie pour pouvoir expier la faute que j'ai faite, et mériter, par une austère pénitence, le pardon de l'aveuglement où m'ont plongée les transports d'une passion condamnable. Mais, dans cette retraite, j'aurais une douleur extrême qu'une personne que j'ai chérie tendrement devînt un exemple funeste de la justice du Ciel ; et ce me sera une joie incroyable si je puis vous porter[5] à détourner de dessus votre tête l'épouvantable coup qui vous menace. De grâce, Don Juan, accordez-moi, pour dernière faveur, cette douce consolation ; ne me refusez point votre salut, que je vous demande avec larmes ; et si vous n'êtes point touché de votre intérêt, soyez-le au moins de mes prières, et m'épargnez le cruel déplaisir de vous voir condamner à des supplices éternels.

SGANARELLE, *à part* – Pauvre femme !

---

**notes**

1. **dérèglements** : mauvaises actions.
2. **il est en vous** : il ne tient qu'à vous.
3. **je ne tiens plus à vous par aucun attachement du monde** : je ne vous suis plus attachée pour des raisons propres à la vie terrestre.
4. **ma retraite est résolue** : je suis décidée à me retirer au couvent.
5. **porter** : inciter.

**DONE ELVIRE** – Je vous ai aimé avec une tendresse extrême, rien
275   au monde ne m'a été si cher que vous ; j'ai oublié mon devoir
pour vous, j'ai fait toutes choses pour vous ; et toute la récompense que je vous en demande, c'est de corriger votre vie, et de
prévenir[1] votre perte. Sauvez-vous, je vous prie, ou pour
l'amour de vous, ou pour l'amour de moi. Encore une fois, Don
280   Juan, je vous le demande avec larmes ; et si ce n'est assez des
larmes d'une personne que vous avez aimée, je vous en conjure
par tout ce qui est le plus capable de vous toucher.

**SGANARELLE**, *à part* – Cœur de tigre !

**DONE ELVIRE** – Je m'en vais, après ce discours, et voilà tout ce
285   que j'avais à vous dire.

**DON JUAN** – Madame, il est tard, demeurez ici : on vous y logera
le mieux qu'on pourra.

**DONE ELVIRE** – Non, Don Juan, ne me retenez pas davantage.

**DON JUAN** – Madame, vous me ferez plaisir de demeurer, je vous
290   assure.

**DONE ELVIRE** – Non, vous dis-je, ne perdons point de temps en
discours superflus. Laissez-moi vite aller, ne faites aucune
instance pour me conduire[2], songez seulement à profiter de
mon avis.

**notes**

**1. prévenir :** éviter.
**2. ne faites aucune instance
pour me conduire :** n'insistez
pas pour me reconduire.

# Scène 7

295 DON JUAN – Sais-tu bien que j'ai encore senti quelque peu d'émotion pour elle, que j'ai trouvé de l'agrément dans cette nouveauté bizarre, et que son habit négligé, son air languissant et ses larmes ont réveillé en moi quelques petits restes d'un feu éteint ?

300 SGANARELLE – C'est-à-dire que ses paroles n'ont fait aucun effet sur vous.

DON JUAN – Vite à souper.

SGANARELLE – Fort bien.

DON JUAN, *se mettant à table* – Sganarelle, il faut songer à
305 s'amender[1] pourtant.

SGANARELLE – Oui-da !

DON JUAN – Oui, ma foi ! il faut s'amender ; encore vingt ou trente ans de cette vie-ci, et puis nous songerons à nous.

SGANARELLE – Oh !

310 DON JUAN – Qu'en dis-tu ?

SGANARELLE – Rien, voilà le souper.

*(Il prend un morceau d'un des plats qu'on apporte, et le met dans sa bouche.)*

DON JUAN – Il me semble que tu as la joue enflée ; qu'est-ce que
315 c'est ? Parle donc, qu'as-tu là ?

SGANARELLE – Rien.

DON JUAN – Montre un peu. Parbleu ! c'est une fluxion[2] qui lui est tombée sur la joue. Vite, une lancette[3] pour percer cela ! Le pauvre garçon n'en peut plus, et cet abcès le pourrait étouffer.
320 Attends : voyez comme il était mûr. Ah ! coquin que vous êtes !

*passage analysé*

## notes

| **1. s'amender** : se corriger. | **2. fluxion** : abcès. | **3. lancette** : bistouri. |

SGANARELLE – Ma foi ! Monsieur, je voulais voir si votre cuisi-
nier n'avait point mis trop de sel ou trop de poivre.

DON JUAN – Allons, mets-toi là, et mange. J'ai affaire de toi[1]
quand j'aurai soupé. Tu as faim, à ce que je vois.

325 SGANARELLE, *se met à table* – Je le crois bien, Monsieur : je n'ai
point mangé depuis ce matin. Tâtez[2] de cela, voilà qui est le
meilleur du monde.

*(Un laquais ôte les assiettes de Sganarelle d'abord[3] qu'il y a dessus à manger.)*

Mon assiette, mon assiette ! tout doux, s'il vous plaît. Vertubleu[4] !
330 petit compère, que vous êtes habile à donner des assiettes nettes !
et vous, petit La Violette, que vous savez présenter à boire à propos !

*(Pendant qu'un laquais donne à boire à Sganarelle, l'autre laquais ôte
encore son assiette.)*

DON JUAN – Qui peut frapper de cette sorte ?

335 SGANARELLE – Qui diable nous vient troubler dans notre repas ?

DON JUAN – Je veux souper en repos au moins, et qu'on ne laisse
entrer personne.

SGANARELLE – Laissez-moi faire, je m'y en vais moi-même.

DON JUAN – Qu'est-ce donc ? Qu'y a-t-il ?

340 SGANARELLE, *baissant la tête comme a fait la statue* – Le... qui est là !

DON JUAN – Allons voir, et montrons que rien ne me saurait
ébranler[5].

SGANARELLE – Ah ! pauvre Sganarelle, où te cacheras-tu ?

**notes** ................................................................................................

1. **j'ai affaire de toi** : j'aurai
besoin de toi.
2. **tâtez** : goûtez.
3. **d'abord que** : dès que.

4. **vertubleu** : par la vertu
de Dieu.
5. **ne me saurait ébranler** :
ne peut me troubler.

**109**

## Scène 8

DON JUAN, LA STATUE
DU COMMANDEUR, *qui vient se
mettre à table*, SGANARELLE, SUITE

345 DON JUAN *à ses gens* – Une chaise et un couvert, vite donc. *(À Sganarelle.)* Allons, mets-toi à table.

SGANARELLE – Monsieur, je n'ai plus faim.

DON JUAN – Mets-toi là, te dis-je. À boire. À la santé du Commandeur : je te la porte[1], Sganarelle. Qu'on lui donne du vin.

350 SGANARELLE – Monsieur, je n'ai pas soif.

DON JUAN – Bois, et chante ta chanson, pour régaler[2] le Commandeur.

SGANARELLE – Je suis enrhumé, Monsieur.

DON JUAN – Il n'importe. Allons. Vous autres, venez, accompa-
355 gnez sa voix.

LA STATUE – Don Juan, c'est assez. Je vous invite à venir demain souper avec moi. En aurez-vous le courage ?

DON JUAN – Oui, j'irai, accompagné du seul Sganarelle.

SGANARELLE – Je vous rends grâce, il est demain jeûne pour moi.

360 DON JUAN, *à Sganarelle* – Prends ce flambeau.

LA STATUE – On n'a pas besoin de lumière, quand on est conduit par le Ciel.

*passage analysé*

notes

**1. je te la porte :** je lève mon verre.

**2. régaler :** faire honneur, distraire.

*Don Juan et la statue du Commandeur*
de Fragonard (1829).

Don Louis et Don Juan (Jean-Louis Roux et James Hyndman), mise en scène de Lorraine Pintal, Théâtre du Nouveau Monde, 2007.

# Acte V

## Scène 1

DON LOUIS, DON JUAN,
SGANARELLE

DON LOUIS – Quoi ? mon fils, serait-il possible que la bonté du
Ciel eût exaucé mes vœux ? Ce que vous me dites est-il bien
vrai ? ne m'abusez[1]-vous point d'un faux espoir, et puis-je
prendre quelque assurance sur la nouveauté surprenante d'une
telle conversion ?

DON JUAN, *faisant l'hypocrite* – Oui, vous me voyez revenu de
toutes mes erreurs ; je ne suis plus le même d'hier au soir, et le
Ciel tout d'un coup a fait en moi un changement qui va sur-
prendre tout le monde : il a touché mon âme et dessillé[2] mes
yeux, et je regarde avec horreur le long aveuglement où j'ai été,

**notes**

| 1. **abusez :** trompez.        | 2. **dessillé :** ouvert.

et les désordres criminels de la vie que j'ai menée. J'en repasse dans mon esprit toutes les abominations, et m'étonne comme[1] le Ciel les a pu souffrir si longtemps, et n'a pas vingt fois sur ma tête laissé tomber les coups de sa justice redoutable. Je vois les
15 grâces[2] que sa bonté m'a faites en ne me punissant point de mes crimes ; et je prétends en profiter comme je dois, faire éclater aux yeux du monde[3] un soudain changement de vie, réparer par là le scandale de mes actions passées, et m'efforcer d'en obtenir du Ciel une pleine rémission[4]. C'est à quoi je vais travailler ; et
20 je vous prie, Monsieur, de vouloir bien contribuer à ce dessein[5], et de m'aider vous-même à faire choix d'une personne qui me serve de guide, et sous la conduite de qui je puisse marcher sûrement dans le chemin où je m'en vais entrer.

DON LOUIS – Ah ! mon fils, que la tendresse d'un père est aisé-
25 ment rappelée, et que les offenses d'un fils s'évanouissent vite au moindre mot de repentir ! Je ne me souviens plus déjà de tous les déplaisirs que vous m'avez donnés, et tout est effacé par les paroles que vous venez de me faire entendre. Je ne me sens pas[6], je l'avoue ; je jette des larmes de joie ; tous mes vœux sont
30 satisfaits, et je n'ai plus rien désormais à demander au Ciel. Embrassez-moi, mon fils, et persistez, je vous conjure, dans cette louable pensée. Pour moi, j'en vais tout de ce pas porter l'heureuse nouvelle à votre mère, partager avec elle les doux transports[7] du ravissement où je suis, et rendre grâce au Ciel des
35 saintes résolutions qu'il a daigné vous inspirer.

**notes**

1. **je m'étonne comme :** je suis fortement surpris de la façon dont.
2. **grâces :** faveurs.

3. **faire éclater aux yeux du monde :** manifester publiquement.
4. **une pleine rémission :** un pardon total.

5. **dessein :** projet.
6. **je ne me sens pas :** je ne me sens plus de joie, je suis extrêmement heureux.
7. **transports :** joies, élans.

# *Scène 2*                    DON JUAN, SGANARELLE

SGANARELLE – Ah ! Monsieur, que j'ai de joie de vous voir converti ! Il y a longtemps que j'attendais cela, et voilà, grâce au Ciel, tous mes souhaits accomplis.

DON JUAN – La peste le benêt[1] !

40  SGANARELLE – Comment, le benêt ?

DON JUAN – Quoi ? tu prends pour de bon argent ce que je viens de dire, et tu crois que ma bouche était d'accord avec mon cœur ?

SGANARELLE – Quoi ? ce n'est pas... Vous ne... Votre... Oh ! quel homme ! quel homme ! quel homme !

45  DON JUAN – Non, non, je ne suis point changé, et mes sentiments sont toujours les mêmes.

SGANARELLE – Vous ne vous rendez pas à[2] la surprenante merveille de cette statue mouvante et parlante ?

DON JUAN – Il y a bien quelque chose là-dedans que je ne comprends pas ; mais quoi que ce puisse être, cela n'est pas capable ni de convaincre mon esprit, ni d'ébranler mon âme ; et si j'ai dit que je voulais corriger ma conduite et me jeter dans un train de vie[3] exemplaire, c'est un dessein que j'ai formé par pure politique[4], un stratagème utile, une grimace[5] nécessaire où je veux me contraindre, pour ménager un père dont j'ai besoin, et me mettre à couvert, du côté des hommes, de cent fâcheuses aventures qui pourraient m'arriver. Je veux bien, Sganarelle, t'en faire confidence, et je suis bien aise d'avoir un témoin du fond de mon âme et des véritables motifs qui m'obligent à faire les choses.

**notes** ············

1. **benêt** : idiot.
2. **vous ne vous rendez pas à** : vous n'êtes pas convaincu par.

3. **me jeter dans un train de vie** : adopter un mode de vie.

4. **politique** : stratégie.
5. **grimace** : fausse attitude.

**115**

SGANARELLE – Quoi ! vous ne croyez rien du tout, et vous voulez cependant vous ériger en homme de bien[1] ?

DON JUAN – Et pourquoi non ? Il y en a tant d'autres comme moi, qui se mêlent de ce métier[2], et qui se servent du même
65  masque pour abuser le monde[3] !

SGANARELLE – Ah ! quel homme ! quel homme !

DON JUAN – Il n'y a plus de honte maintenant à cela : l'hypocrisie est un vice à la mode, et tous les vices à la mode passent pour vertus. Le personnage d'homme de bien est le meilleur de tous
70  les personnages qu'on puisse jouer aujourd'hui, et la profession d'hypocrite a de merveilleux avantages. C'est un art[4] de qui[5] l'imposture est toujours respectée ; et quoiqu'on[6] la découvre, on n'ose rien dire contre elle. Tous les autres vices des hommes sont exposés à la censure[7] et chacun a la liberté de les attaquer
75  hautement, mais l'hypocrisie est un vice privilégié, qui, de sa main, ferme la bouche à tout le monde, et jouit en repos d'une impunité souveraine[8]. On lie, à force de grimaces, une société étroite[9] avec tous les gens du parti. Qui en choque un, se les jette tous sur les bras ; et ceux que l'on sait même agir de bonne
80  foi là-dessus, et que chacun connaît pour être véritablement touchés[10], ceux-là, dis-je, sont toujours les dupes des autres[11] ; ils donnent hautement dans le panneau des grimaciers, et appuient[12] aveuglément les singes de leurs actions[13]. Combien crois-tu que j'en connaisse qui, par ce stratagème, ont rhabillé[14]

## notes

1. **vous ériger en homme de bien** : vous faire passer pour un homme exemplaire.

2. **qui se mêlent de ce métier** : qui font cela.

3. **le monde** : tout le monde.

4. **art** : savoir-faire.

5. **de qui** : dont.

6. **quoiqu'on** : même si on.

7. **censure** : critique.

8. **souveraine** : totale.

9. **on lie une société étroite** : on se lie d'amitié.

10. **véritablement touchés** : par la grâce, des croyants sincères (tournure elliptique).

11. **sont toujours les dupes des autres** : se laissent toujours tromper par les autres.

12. **appuient** : soutiennent.

13. **les singes de leurs actions** : ceux qui les imitent.

14. **rhabillé** : réparé.

85 adroitement les désordres de leur jeunesse, qui se sont fait un bouclier du manteau de la religion, et, sous cet habit respecté, ont la permission d'être les plus méchants hommes du monde ? On a beau savoir leurs intrigues et les connaître pour ce qu'ils sont, ils ne laissent pas pour cela d'être en crédit[1] parmi les gens ;

90 et quelque baissement de tête, un soupir mortifié[2], et deux roulements d'yeux rajustent[3] dans le monde tout ce qu'ils peuvent faire. C'est sous cet abri favorable que je veux me sauver, et mettre en sûreté mes affaires. Je ne quitterai point mes douces habitudes ; mais j'aurai soin de me cacher et me divertirai à petit

95 bruit. Que si je viens à être découvert, je verrai, sans me remuer, prendre mes intérêts à toute la cabale[4], et je serai défendu par elle envers et contre tous. Enfin c'est là le vrai moyen de faire impunément tout ce que je voudrai. Je m'érigerai en censeur[5] des actions d'autrui, jugerai mal de tout le monde, et n'aurai

100 bonne opinion que de moi. Dès qu'une fois on m'aura choqué tant soit peu, je ne pardonnerai jamais et garderai tout doucement une haine irréconciliable. Je ferai le vengeur des intérêts du Ciel[6], et, sous ce prétexte commode, je pousserai[7] mes ennemis, je les accuserai d'impiété, et saurai déchaîner contre eux

105 des zélés indiscrets[8], qui, sans connaissance de cause, crieront en public contre eux, qui les accableront d'injures, et les damneront hautement de leur autorité privée[9]. C'est ainsi qu'il faut profiter des faiblesses des hommes, et qu'un sage esprit s'accommode[10] aux vices de son siècle.

---

**notes**

1. **ils ne laissent pas pour cela d'être en crédit :** ils sont malgré tout bien considérés.
2. **mortifié :** exprimant la punition qu'on s'inflige.
3. **rajustent :** excusent, corrigent l'effet.

4. **prendre mes intérêts à toute la cabale :** tout le groupe des dévots défendre mes intérêts.
5. **censeur :** juge sévère.
6. **je ferai le vengeur des intérêts du Ciel :** je défendrai les intérêts de Dieu.

7. **pousserai :** poursuivrai.
8. **des zélés indiscrets :** des partisans enthousiastes et aveuglés.
9. **de leur autorité privée :** en leur propre nom.
10. **s'accommode :** s'adapte.

110 SGANARELLE – Ô Ciel ! qu'entends-je ici ? Il ne vous manquait plus que d'être hypocrite pour vous achever de tout point[1], et voilà le comble des abominations. Monsieur, cette dernière-ci m'emporte et je ne puis m'empêcher de parler. Faites-moi tout ce qu'il vous plaira, battez-moi, assommez-moi de coups, tuez-

115 moi, si vous voulez : il faut que je décharge mon cœur, et qu'en valet fidèle je vous dise ce que je dois. Sachez, Monsieur, que tant va la cruche à l'eau, qu'enfin elle se brise ; et comme dit fort bien cet auteur que je ne connais pas, l'homme est en ce monde ainsi que l'oiseau sur la branche ; la branche est attachée

120 à l'arbre ; qui s'attache à l'arbre suit de bons préceptes ; les bons préceptes valent mieux que les belles paroles ; les belles paroles se trouvent à la cour ; à la cour sont les courtisans ; les courtisans suivent la mode ; la mode vient de la fantaisie ; la fantaisie est une faculté de l'âme ; l'âme est ce qui nous donne la vie ; la

125 vie finit par la mort ; la mort nous fait penser au Ciel ; le Ciel est au-dessus de la terre ; la terre n'est point la mer ; la mer est sujette aux orages ; les orages tourmentent[2] les vaisseaux ; les vaisseaux ont besoin d'un bon pilote ; un bon pilote a de la prudence ; la prudence n'est point dans les jeunes gens ; les jeunes

130 gens doivent obéissance aux vieux ; les vieux aiment les richesses ; les richesses font les riches ; les riches ne sont pas pauvres ; les pauvres ont de la nécessité[3] ; la nécessité n'a point de loi ; qui n'a pas de loi vit en bête brute[4] ; et, par conséquent, vous serez damné à tous les diables.

135 DON JUAN – Ô le beau raisonnement !

SGANARELLE – Après cela, si vous ne vous rendez, tant pis pour vous.

## notes

1. **pour vous achever de tout point** : pour compléter le personnage.
2. **tourmentent** : malmènent.
3. **ont de la nécessité** : ont besoin de tout.
4. **brute** : sauvage.

# Scène 3

DON CARLOS, DON JUAN,
SGANARELLE

DON CARLOS – Don Juan, je vous trouve à propos, et suis bien aise de vous parler ici plutôt que chez vous, pour vous deman-
140 der vos résolutions. Vous savez que ce soin me regarde[1], et que je me suis en votre présence chargé de cette affaire. Pour moi, je ne le cèle point, je souhaite fort que les choses aillent dans la douceur ; et il n'y a rien que je fasse pour porter votre esprit à vouloir prendre cette voie, et pour vous voir publiquement
145 confirmer à ma sœur le nom de votre femme.

DON JUAN, *d'un ton hypocrite* – Hélas ! je voudrais bien, de tout mon cœur, vous donner la satisfaction que vous souhaitez ; mais le Ciel s'y oppose directement : il a inspiré à mon âme le dessein de changer de vie, et je n'ai point d'autre pensée
150 maintenant que de quitter entièrement tous les attachements du monde[2], de me dépouiller au plus tôt de toutes sortes de vanités[3], et de corriger désormais par une austère conduite tous les dérèglements criminels où m'a porté le feu[4] d'une aveugle jeunesse.

155 DON CARLOS – Ce dessein, Don Juan, ne choque point ce que je dis ; et la compagnie d'une femme légitime peut bien s'accommoder avec les louables pensées que le Ciel vous inspire.

DON JUAN – Hélas ! point du tout. C'est un dessein que votre sœur elle-même a pris : elle a résolu sa retraite, et nous avons été
160 touchés[5] tous deux en même temps.

## notes

**1. ce soin me regarde :** cette affaire me concerne.

**2. quitter tous les attachements du monde :** renoncer à tout ce qui semble important dans la société humaine.

**3. me dépouiller de toutes sortes de vanités :** me débarrasser de préoccupations futiles aux yeux de la religion.

**4. le feu :** la fougue.

**5. touchés :** convertis par la grâce (tournure elliptique).

DON CARLOS – Sa retraite ne peut nous satisfaire, pouvant être imputée au mépris que vous feriez d'elle et de notre famille ; et notre honneur demande qu'elle vive avec vous.

165 DON JUAN – Je vous assure que cela ne se peut. J'en avais, pour moi, toutes les envies du monde, et je me suis même encore aujourd'hui conseillé au Ciel[1] pour cela ; mais lorsque je l'ai consulté, j'ai entendu une voix qui m'a dit que je ne devais point songer à votre sœur, et qu'avec elle assurément je ne ferais point mon salut[2].

170 DON CARLOS – Croyez-vous, Don Juan, nous éblouir[3] par ces belles excuses ?

DON JUAN – J'obéis à la voix du Ciel.

DON CARLOS – Quoi ! vous voulez que je me paie[4] d'un semblable discours ?

175 DON JUAN – C'est le Ciel qui le veut ainsi.

DON CARLOS –Vous aurez fait sortir ma sœur d'un couvent pour la laisser ensuite ?

DON JUAN – Le Ciel l'ordonne de la sorte.

DON CARLOS – Nous souffrirons cette tache en notre famille ?

180 DON JUAN – Prenez-vous-en au Ciel.

DON CARLOS – Eh quoi ! toujours le Ciel !

DON JUAN – Le Ciel le souhaite comme cela.

DON CARLOS – Il suffit, Don Juan, je vous entends[5]. Ce n'est pas ici que je veux vous prendre[6], et le lieu ne le souffre pas[7] ; mais,
185 avant qu'il soit peu, je saurai vous trouver.

*passage analysé*

**notes**

1. **je me suis conseillé au Ciel :** j'ai demandé conseil à Dieu.
2. **je ne ferais point mon salut :** je ne sauverais pas mon âme.

3. **éblouir :** aveugler, tromper.
4. **que je me paie de :** que j'accepte.
5. **entends :** comprends.

6. **vous prendre :** me battre avec vous.
7. **le lieu ne le souffre pas :** c'est impossible dans un tel endroit.

DON JUAN – Vous ferez ce que vous voudrez ; vous savez que je ne manque point de cœur, et que je sais me servir de mon épée quand il le faut. Je m'en vais passer tout à l'heure dans cette petite rue écartée qui mène au grand convent ; mais je vous déclare, pour moi, que ce n'est point moi qui veux me battre : le Ciel m'en défend la pensée ; et si vous m'attaquez, nous verrons ce qui en arrivera.

DON CARLOS – Nous verrons, de vrai, nous verrons.

# Scène 4

DON JUAN, SGANARELLE

SGANARELLE – Monsieur, quel diable de style prenez-vous là ? Ceci est bien pis que le reste, et je vous aimerais bien mieux encore comme vous étiez auparavant. J'espérais toujours de votre salut ; mais c'est maintenant que j'en désespère ; et je crois que le Ciel, qui vous a souffert jusques ici, ne pourra souffrir du tout cette dernière horreur.

DON JUAN – Va, va, le Ciel n'est pas si exact[1] que tu penses ; et si toutes les fois que les hommes...

SGANARELLE, *apercevant un spectre* – Ah ! monsieur, c'est le Ciel qui vous parle, et c'est un avis qu'il vous donne.

note ...............................................

**1. n'est pas si exact :** ne tient pas des comptes si exacts.

# Scène 5

DON JUAN, UN SPECTRE *en femme voilée*, SGANARELLE

205 DON JUAN – Si le Ciel me donne un avis, il faut qu'il parle un peu plus clairement, s'il veut que je l'entende.

LE SPECTRE – Don Juan n'a plus qu'un moment à pouvoir profiter de la miséricorde du Ciel ; et s'il ne se repent ici, sa perte est résolue.

SGANARELLE – Entendez-vous, Monsieur ?

210 DON JUAN – Qui ose tenir ces paroles ? Je crois connaître cette voix.

SGANARELLE – Ah ! Monsieur, c'est un spectre : je le reconnais au marcher[1].

DON JUAN – Spectre, fantôme, ou diable, je veux voir ce que 215 c'est.

*(Le spectre change de figure et représente le Temps avec sa faux à la main.)*

SGANARELLE – Ô Ciel ! voyez-vous, Monsieur, ce changement de figure ?

DON JUAN – Non, non, rien n'est capable de m'imprimer de la 220 terreur[2], et je veux éprouver[3] avec mon épée si c'est un corps ou un esprit.

*(Le spectre s'envole dans le temps que[4] Don Juan le veut frapper.)*

SGANARELLE – Ah ! Monsieur, rendez-vous à tant de preuves, et jetez-vous vite dans le repentir.

notes

1. au marcher : à la démarche.

2. imprimer de la terreur : me terrifier.

3. éprouver : tester.
4. dans le temps que : au moment où.

**Don Juan et le spectre,**
mise en scène de Lorraine Pintal, Théâtre du Nouveau Monde, 2007.

Don Juan, Sganarelle et le Commandeur,
mise en scène de Lorraine Pintal,
Théâtre du Nouveau Monde, 2007.

# Scène 6

LA STATUE, DON JUAN,
SGANARELLE

225 | DON JUAN – Non, non, il ne sera pas dit, quoi qu'il arrive, que je sois capable de me repentir. Allons, suis-moi.

LA STATUE – Arrêtez, Don Juan : vous m'avez hier donné parole de venir manger avec moi.

DON JUAN – Oui. Où faut-il aller ?

230 | LA STATUE – Donnez-moi la main.

DON JUAN – La voilà.

LA STATUE – Don Juan, l'endurcissement au péché[1] traîne[2] une mort funeste, et les grâces du Ciel que l'on renvoie ouvrent un chemin à sa foudre.

235 | DON JUAN – Ô Ciel ! que sens-je ? Un feu invisible me brûle, je n'en puis plus, et tout mon corps devient un brasier ardent ! Ah !

*(Le tonnerre tombe avec un grand bruit et de grands éclairs sur Don Juan ; la terre s'ouvre et l'abîme ; et il sort de grands feux de l'endroit où il est tombé.)*

240 | SGANARELLE – [Ah ! mes gages ! mes gages !] Voilà par sa mort un chacun satisfait : Ciel offensé, lois violées, filles séduites, familles déshonorées, parents outragés, femmes mises à mal, maris poussés à bout, tout le monde est content. Il n'y a que moi seul de malheureux... [Mes gages ! mes gages, mes gages !]

**notes** ⋯⋯⋯⋯⋯⋯⋯⋯⋯⋯⋯

**1. l'endurcissement au péché :** l'obstination dans ses fautes.

**2. traîne :** entraîne.

125

# Test de première lecture

❶ Dans quel pays se déroule l'action ?

❷ Combien y a-t-il de décors différents ?

❸ De quel produit Sganarelle fait-il l'éloge ?

❹ Combien de femmes Don Juan a-t-il séduites, selon Sganarelle ?

❺ Pour quelle raison Don Juan refuse-t-il la fidélité ?

❻ Que reproche Done Elvire à Don Juan ?

❼ Quel était le but du voyage durant lequel Don Juan fait naufrage ?

❽ Que reproche Pierrot à Charlotte ?

❾ À quoi, selon Don Juan, un malade doit-il sa guérison ?

❿ Quelle est l'activité du pauvre que Don Juan et Sganarelle rencontrent ?

⓫ Qui est le Commandeur ?

⓬ Comment Don Juan se débarrasse-t-il de monsieur Dimanche ?

⓭ Comment se nomme le père de Don Juan ?

⓮ Comment Don Juan accueille-t-il les reproches de son père ?

⓯ À combien de femmes Don Juan promet-il le mariage dans cette pièce ?

⓰ Que propose Don Juan à Elvire quand elle vient l'inciter à se repentir ?

⓱ De quel vice Don Juan fait-il un éloge paradoxal ?

⓲ En quoi se transforme le spectre ?

⓳ De quoi la Statue punit-elle Don Juan ?

⓴ Que réclame Sganarelle quand Don Juan disparaît ?

# Quelques notions de base

## En préliminaire :
## quelques renseignements
## sur le genre dramatique

Il va de soi que la magie du théâtre opère s'il y a spectacle. La mise en scène permet de prendre conscience de la nature plurielle du dialogue théâtral : bien que les acteurs échangent entre eux des répliques, le public reste le principal interlocuteur auquel s'adresse l'auteur (on parlera ici de double destinataire). Le processus d'analyse s'intéresse aux conséquences de ce fait. On sera donc attentif à bien distinguer les notions suivantes :

- Le lieu de la fiction, tel qu'il est précisé dans le texte, qui est l'endroit où se situent les événements imaginés par le dramaturge, soit la Sicile pour *Dom Juan*.

- L'espace scénique, qui comprend la scène, les coulisses et l'espace de la salle où se trouve l'auditoire. Sur la scène, les décors se transforment pour préciser les lieux (palais, hameau de verdure, etc.).

De ce point de vue, Molière semble respecter l'unité de lieu, dans un premier temps, puisque l'action se passe dans un seul pays ; toutefois, l'action se dispersera en plusieurs espaces secondaires par la suite. Ajoutons les notions suivantes :

- le temps de la fiction, l'époque où se situe l'intrigue ;

- le temps de la représentation, celui du spectacle sur scène, qui peut être d'une heure et demie environ.

Plusieurs autres notions sont nécessaires à l'analyse d'une pièce de théâtre. On trouvera ces notions regroupées à la fin du présent ouvrage sous le titre «Pour étudier le théâtre: lexique de base et autres termes».

# Notions relatives au théâtre au XVII<sup>e</sup> siècle

Étant de loin le genre privilégié au XVII<sup>e</sup> siècle, le théâtre est susceptible d'être mieux défini, réglementé et encadré que les autres. Les descriptions suivantes, très synthétiques, permettent de comparer les quatre formes dramatiques prédominantes en considérant les personnages, l'intrigue, la structure, la thématique et le style. Ces distinctions permettent aussi de mieux comprendre le caractère indéfini de *Dom Juan*, qui relève de plusieurs formes dramatiques.

# Tableau des formes dramatiques au XVIIᵉ siècle

| La tragi-comédie (courant baroque) | La tragédie (courant classique) |
|---|---|
| • **Personnages** de rangs divers. | • **Personnages** de rang élevé, déchirés entre leurs devoirs envers la famille, l'État et Dieu. |
| • Héros masculin, fidèle à l'idéal aristocratique. | |
| • **Intrigue** à rebondissements multiples ; intervention possible du fantastique. | • **Intrigue** concentrée, bienséante et vraisemblable ; contexte de l'Antiquité gréco-romaine. |
| • Exploration de formes variées, structures complexes, mélange des genres. | • Composition selon la règle des trois unités, d'action, de lieu et de temps, soit un péril, en un endroit et en une journée. |
| • Dénouement souvent positif. | • Dénouement tragique. |
| • **Thématique** empruntée au courant baroque. | • **Thématique** pessimiste. Fatalité et luttes de pouvoir. |
| • **Style** recherché, précieux : goût pour la virtuosité, s'exprimant notamment par la richesse des figures de style. | • **Style** solennel ; rythme majestueux de l'alexandrin ; registre linguistique soutenu. |
| • **Mise en scène** orientée vers le mouvement et l'effet de surprise, etc., notamment par l'usage des machines. | • **Mise en scène** sobre, qui met l'accent sur le caractère cérémoniel de la représentation. |

| La farce (courant baroque) | La comédie (influences baroque et classique) |
|---|---|
| • **Personnages** archétypaux (traits grossis et répétitifs). | • **Personnages** issus de la bourgeoisie d'une complexité variable. |
| • **Intrigue** : opposition élémentaire entre personnages sympathiques (les gagnants) et personnages ridicules (les perdants). | • **Intrigue** : conflits de générations et de caractères dans le contexte de la vie quotidienne. |
| • Pièce courte ; liberté d'invention. | • Composition en cinq actes (généralement), très flexible. |
| • **Thématique** : caricature des travers des personnes âgées, qui sont opposées aux jeunes. | • **Thématique** des grands défauts humains ; thèmes de l'amour et de l'argent. |
| • **Style** : influence de la *commedia dell'arte* ; divertissement facile. | • **Style** : grande variation, qui va de la farce au ton plus sérieux. |
| • **Mise en scène** qui utilise tous les registres du comique, associés à un jeu corporel. | • **Mise en scène** qui emprunte à la farce les procédés comiques, tout en s'orientant vers le raffinement. |

L'étude de l'œuvre
par acte en s'appuyant
sur des extraits

**Dom Juan, la pièce**

# Molière, Dom Juan, acte I : l'exposition

**Premier extrait,**
**pages 43 à 46, lignes 122 à 214**

## Étape préparatoire à l'analyse ou à la dissertation : compréhension du passage en tenant compte du contexte

❶ Situez l'extrait en procédant de la façon suivante :

- résumez ce que le spectateur apprend de l'intrigue et des personnages par la scène qui précède l'extrait ;

- résumez l'extrait lui-même et l'intérêt de ce passage dans la compréhension de la pièce ;

- résumez ce que le spectateur apprend de nouveau dans la suite de l'acte.

❷ En vous appuyant sur ce premier acte, pouvez-vous dire que le titre est justifié, que le personnage principal est à la hauteur de son nom par son caractère ou son comportement ?

❸ S'agit-il d'une comédie ? Montrez que le premier acte confirme certaines caractéristiques de la comédie, mais que certains choix de Molière ne répondent pas aux normes de cette forme dramatique (consultez le tableau des formes dramatiques pour répondre à cette question).

❹ Le premier acte remplit-il la fonction qui lui est normalement attribuée, soit de présenter l'information nécessaire à la compréhension de la pièce ? Répondez à l'aide des sous-questions suivantes :

    a) Quels sont les personnages principaux ?

    b) Comment peut-on définir la relation qui existe entre eux ?

    c) Le spectateur a-t-il une idée de l'élément perturbateur, de ce qui va occasionner des conflits dans cette pièce ?

d) Certains indices laissent-ils prévoir le dénouement?

e) Est-il possible de cerner les thèmes dominants qui vont orienter l'intrigue?

❺ Analysez l'argumentation dans la tirade de Don Juan (l. 125-165):

a) formulez sa thèse en une ou deux phrases;

b) dégagez ses principaux arguments en les formulant dans vos propres mots;

c) dressez le champ lexical de la conquête et du combat.

❻ Sganarelle ne trouve rien à répliquer à son maître. Substituez-vous à lui pour mettre en lumière les faiblesses du raisonnement de Don Juan ou pour lui présenter des arguments contraires.

❼ Reportez-vous à la scène 3 de l'acte I et montrez que Done Elvire réfute les arguments suivants de Don Juan par ses propos (relevez une ou deux citations) et par son attitude:

• «Toutes les belles ont le droit de nous charmer.»

• «Tout le plaisir de l'amour est dans le changement.»

......................... **Vers la rédaction** .........................

❽ Suivez les étapes proposées dans le but de rédiger une introduction qui conviendrait au sujet suivant:

«En vous appuyant sur l'extrait, analysez la conception baroque du personnage de Don Juan.»

a) Parmi les formulations suivantes, choisissez celle qui pourrait le mieux convenir au «sujet amené»:

• Louis XIV est un roi prestigieux et c'est pour lui plaire que Molière a composé *Dom Juan*.

• Deux courants littéraires se font concurrence au XVIIᵉ siècle, soit le baroque et le classicisme, et l'influence de ces courants est palpable dans la pièce *Dom Juan* de Molière.

• La bourgeoisie est une classe montante au XVIIᵉ siècle et Molière exprime le désir de s'en moquer dans *Dom Juan*.

- La tragédie est la forme dramatique le plus prestigieuse au XVIIᵉ siècle, mais Molière choisit de se cantonner dans la comédie, comme l'illustre sa tentative de faire rire par l'écriture de sa pièce, *Dom Juan*.

b) Parmi les suivantes, dégagez trois caractéristiques significatives qui vous inspireront pour diviser le sujet:

  - Don Juan se présente comme un modèle de mari fidèle.
  - Don Juan porte bien son nom, comme l'illustre son comportement d'homme inconstant en amour.
  - Don Juan fait avec brio, voire avec virtuosité, l'éloge de l'infidélité.
  - Don Juan se conforme à la morale religieuse et adopte un comportement socialement acceptable pour son époque.
  - Don Juan aime que la vie soit en mouvement; il adore les surprises en amour.
  - Don Juan est un puritain qui se refuse à toute forme de sensualité.

c) Rédigez l'introduction en utilisant vos réponses précédentes de façon pertinente et en complétant le tout pour qu'on y trouve les articulations suivantes, soit le « sujet amené », le « sujet posé » (accompagné d'une courte présentation de la pièce et de la situation de l'extrait), et le « sujet divisé ».

❾ Dès le premier acte, montrez que le spectateur est en mesure de déduire que Don Juan est le maître et Sganarelle, le domestique. Suivez la démarche suivante pour chacun des paragraphes:

  - Formulez en ouverture la phrase clé qui présente l'idée principale du paragraphe.
  - Présentez deux ou trois idées secondaires.
  - Illustrez-les par des citations ou des exemples.
  - Terminez le paragraphe par une phrase de clôture ou une phrase de transition (au choix).

❿ Retenez un des deux sujets (questions 8 et 9) pour rédiger une dissertation complète.

⑪ Prévoyez faire la révision en étapes successives :

- une première révision qui concerne le sens ;
- une deuxième révision d'ordre orthographique et grammatical ;
- et, si possible, une dernière révision qui part de la fin du texte pour remonter vers le début.

# Molière, Dom Juan, acte II
## Extrait, pages 62 à 65, lignes 145 à 251

❶ Situez et résumez l'extrait.

❷ Expliquez l'intérêt de cette scène par rapport à ce qui précède et à ce qui suit, à l'aide des sous-questions suivantes :

- En quoi la scène contribue-t-elle à confirmer la connaissance que nous avons des personnages ?
- En quoi apporte-t-elle un éclairage nouveau sur l'action ?

❸ Comment considérez-vous Charlotte, celle qui apparaît ici comme la proie de ce jeu de séduction ? Répondez à l'aide des sous-questions suivantes et en apportant chaque fois des preuves à l'appui (exemples ou citations) :

- Charlotte est-elle une proie consentante ou rusée ?
- Fait-elle preuve de naïveté ou de méfiance ?
- Est-elle prête à céder ou à résister ? Quelles seraient les raisons à l'appui de sa décision ?

❹ Tout au long de son entreprise de séduction, comment voit-on que Don Juan conserve une position de supériorité ? Évaluez ses chances de succès en tenant compte des relations de Charlotte avec Pierrot, mais aussi du contexte social de l'époque. Selon vous, Don Juan sort-il grandi ou diminué de cette confrontation ?

❺ Relevez tous les termes relatifs à la beauté, utilisés par Don Juan dans la conquête de Charlotte. En termes actuels, peut-on dire que cela réduit Charlotte à n'être rien d'autre qu'une femme-objet aux yeux de Don Juan ?

❻ Relevez les passages où Don Juan fait le procès de tous ces « lâches » qui ne pensent qu'à déshonorer les filles. Quel en est l'effet sur le spectateur : consternation devant autant de perfidie ou admiration devant autant d'habileté ? Ce point de vue peut-il différer selon que l'on est un homme ou une femme ? Expliquez votre position, avec les nuances nécessaires.

**❼** Dans cette dynamique à trois, quels rôles sont ici attribués à Sganarelle, tout autant par rapport à Charlotte et à son maître que par rapport au public? Étayez votre réponse par des exemples ou des citations.

**❽** En examinant non seulement cette scène mais tout le deuxième acte, que peut-on déduire de la vision qu'entretenait Molière sur les paysans de son époque? Construisez votre opinion à l'aide des sous-questions suivantes:

- Les considérait-il comme des êtres incultes et niais, ou habiles et rusés?
- Peu soignés et peu civilisés, ou laborieux et victimes d'exploitation?
- Serviles et complaisants, ou proches de la révolte?
- Pittoresques et plutôt sympathiques, ou pitoyables et peu dignes d'intérêt?

......................................... **Vers la rédaction** .........................................

**❾** Faites un plan de rédaction sur un des sujets suivants concernant l'extrait.

a) Analysez la dynamique des personnages.

b) Démontrez que les rapports entre les personnages traduisent l'inégalité sociale qui est la règle au XVII$^e$ siècle. Pour élaborer votre développement, tenez compte des aspects suivants:

- l'inégalité entre les maîtres et leurs domestiques;
- l'inégalité entre la noblesse et le peuple (les paysans);
- l'inégalité entre les hommes et les femmes.

# Molière, Dom Juan, acte III
### Extrait, pages 79 à 82, lignes 62 à 122

## Questionnaire sur le texte de Molière

❶ En tenant compte de l'époque, expliquez en quoi l'insertion de cette discussion constitue un risque pris par Molière.

❷ Que faut-il penser de cette argumentation ?

- Qui en prend l'initiative, qui la dirige et lequel des deux personnages prononce les plus longues répliques ?

- En quoi le choix de Sganarelle comme défenseur de la foi affaiblit-il la cause ?

- Dans l'argumentation de Sganarelle, montrez que foi et superstition se mélangent.

- Comment se manifeste la supériorité intellectuelle de Don Juan ?

❸ Quelles sont les sources du comique ?

❹ Quelles sont les sources d'ambiguïté ? Pour quelles raisons Molière aurait-il avantage à maintenir ces sources d'ambiguïté ?

## Blaise Pascal, *Pensées*, extrait connu comme « Le pari de Pascal »

Blaise Pascal (1623-1662), après une jeunesse mondaine où se manifestent chez lui des intérêts plutôt scientifiques, se convainc que sa mission essentielle est de consolider la foi de ses contemporains. Il entreprend d'écrire un ouvrage que la mort ne lui permet pas d'achever et qui sera publié en fragments sous le titre de *Pensées.*

Dans l'extrait proposé, il tente de rallier à sa cause les incroyants. Il prend appui sur une mode sociale très développée à l'époque : les jeux de hasard.

Dieu est ou il n'est pas ; mais de quel côté pencherons-nous ? La raison n'y peut rien déterminer. Il y a un chaos infini qui nous sépare. Il se joue un jeu à l'extrémité de cette distance infinie, où il arrivera croix[1] ou pile. Que gagerez-vous ? Par raison vous ne pouvez faire ni l'un ni l'autre ; par raison vous ne pouvez défaire nul des deux.

Ne blâmez donc pas de fausseté ceux qui ont pris un choix, car vous n'en savez rien. Non, mais je les blâmerai d'avoir fait non ce choix, mais un choix, car, encore que celui qui prend croix et l'autre soient en pareille faute, ils sont tous deux en faute ; le juste est de ne point parier.

Oui, mais il faut parier. Cela n'est pas volontaire, vous êtes embarqué. Lequel prendrez-vous donc ? Voyons : puisqu'il faut choisir, voyons ce qui vous intéresse le moins. Vous avez deux choses à perdre : le vrai et le bien, et deux choses à engager : votre raison et votre volonté, votre connaissance et votre béatitude, et votre nature deux choses à fuir : l'erreur et la misère. Votre raison n'est pas plus blessée puisqu'il faut nécessairement choisir, en choisissant l'un que l'autre. Voilà un point vidé[2]. Mais votre béatitude ? Pesons le gain et la perte en prenant croix que Dieu est. Estimons ces deux cas : si vous gagnez, vous gagnez tout, et si vous perdez, vous ne perdez rien : gagez donc qu'il est sans hésiter. Cela est admirable. Oui il faut gager, mais je gage peut-être trop. Voyons, puisqu'il y a pareil hasard de gain et de perte, si vous n'aviez qu'à gagner deux vies pour une vous pourriez encore gager, mais s'il y en avait trois à gagner ?

Blaise Pascal, Pensées, 1670.

**1. croix** : face. **2. vidé** : résolu.

# Questionnaire sur le texte de Pascal

❶ Résumez le propos avec vos propres mots.

❷ À la seule lecture du passage, par quels éléments le lecteur peut-il facilement déduire que Pascal est mathématicien ?

❸ Quels arguments critiques pourrait-on opposer à une telle argumentation ?

## Jostein Gaarder, *Le monde de Sophie*, extrait des pages consacrées à Descartes

René Descartes (1596-1650) s'inscrit aussi dans une démarche qui remet en question l'autorité de l'Église et l'enseignement traditionnel, fondés notamment sur la Bible. Descartes cherche à définir une démarche qui garantirait l'accès à une pensée juste. Il ne s'en remet plus à Dieu pour discerner la vérité. Ainsi, sans remettre en question l'existence de Dieu, il relativise en quelque sorte le pouvoir de la foi.

C'est ce contemporain de Molière et de Pascal qui est ici mis en scène par l'écrivain Jostein Gaarder, dans un extrait de son livre intitulé *Le monde de Sophie*. Gaarder a l'ambition de décrire, de façon ludique, l'évolution de la philosophie occidentale. Dans le passage proposé, Sophie questionne son maître dans le but de comprendre le point de vue de Descartes.

– Descartes se demande ensuite s'il ne connaît pas autre chose avec la même certitude intuitive que le fait d'être un sujet pensant. Il a aussi la nette conscience qu'il existe un être parfait. Cette idée s'est toujours imposée à lui, ce qui lui permet d'en déduire qu'elle ne peut pas venir de lui-même. Cette idée de perfection ne peut venir que d'un être parfait, en d'autres termes, de Dieu. Que Dieu existe est pour Descartes une vérité aussi immédiate que celle qui établit un sujet pensant.

– Je trouve qu'il se met à tirer des conclusions un peu hâtives. Il était plus prudent au début.

– Oui, beaucoup ont relevé cela comme étant le point faible de Descartes. Mais tu as employé le terme de « conclusion ». En fait, il n'y a aucune preuve réelle. Descartes pense simplement que nous avons une idée d'un être parfait et que cet être doit exister puisque nous l'imaginons. En effet, cet être ne serait pas parfait s'il n'existait pas. Nous ne saurions en outre imaginer un tel être s'il n'existait pas, puisque nous sommes imparfaits et incapables de concevoir l'idée de la perfection. Selon Descartes, l'idée de Dieu est innée, elle est inscrite dans notre nature « comme un tableau porte la signature de l'artiste ».

– Mais je peux m'amuser à imaginer à quoi ressemblerait un « crocophant » sans pour cela qu'il existe réellement.

– Descartes aurait répondu que son existence n'est pas assurée dans le concept «crocophant». Alors que dans le concept «être parfait», il y a l'assurance qu'un tel être existe. Cela est pour Descartes aussi vrai que dans l'idée du cercle le fait que tous les points de la circonférence sont à équidistance du centre. Tu ne peux pas parler d'un cercle si cette condition n'est pas remplie. De la même façon, tu ne peux pas parler de l'être parfait s'il lui manque la plus importante de toutes les qualités, à savoir l'existence.

Jostein Gaarder, *Le monde de Sophie. Roman sur l'histoire de la philosophie.*
© Éditions du Seuil, 1995, coll. *Points*, 2002.

## Questionnaire sur Descartes vu par Gaarder

❶ Énumérez les arguments de Descartes en mettant en lumière leur lien logique.

❷ Dans la philosophie de Descartes, montrez que l'existence de Dieu repose sur des preuves plutôt subjectives qu'objectives.

❸ Évaluez la pertinence du commentaire suivant de Sophie : «Je trouve qu'il se met à tirer des conclusions un peu hâtives.»

.......................................... **Vers la rédaction** ..........................................

**Sujet : Pour démontrer l'existence de Dieu, ces trois extraits illustrent des démarches argumentatives de nature différente. Évaluez l'efficacité de chacune.**

- Appliquez-vous à rédiger votre texte en suivant les règles de la dissertation.

**En outre, tenez compte des conseils suivants :**

- **En introduction,** n'oubliez pas de présenter les extraits et de les résumer.

- **Pour le développement :** tenez compte de plusieurs facteurs en évaluant la pertinence des démarches. Ainsi, un raisonnement peut paraître plus juste à une époque par rapport à une autre, son efficacité peut varier selon l'interlocuteur auquel on s'adresse, mais on peut aussi le trouver plus logiquement construit en fonction de la thèse qu'il défend.

- **En conclusion,** présentez une synthèse de *votre argumentation* personnelle et non de celle des auteurs étudiés.

# Molière, Dom Juan, acte IV
## Extrait, pages 108 à 110, lignes 295 à 362

❶ Situez l'extrait et expliquez son importance dans la pièce par rapport à ce qui précède et au dénouement qui s'annonce.

❷ En vous reportant notamment à la scène précédente (scène 6), expliquez en quoi la première répartie de Don Juan est empreinte d'un profond cynisme.

❸ Rares dans le théâtre classique, les didascalies sont ici très nombreuses. Quels rôles jouent-elles dans la dynamique de la scène ?

❹ Comment cette scène contribue-t-elle à mieux nous faire comprendre le rôle du valet dans le théâtre de Molière ?

❺ Énumérez tous les événements lors desquels l'esprit de provocation de Don Juan se manifeste, et expliquez pourquoi la scène 8 marque une escalade de la provocation.

❻ Don Juan est un personnage paradoxal, car on peut le condamner parce qu'il scandalise, tout comme on peut admirer son audace. Commentez cette assertion.

❼ Afin de la rendre crédible aux yeux du spectateur, quels problèmes de mise en scène peut poser l'apparition du Commandeur ? Ces problèmes paraissaient-ils plus insolubles au XVIIe siècle qu'ils ne le seraient à l'époque actuelle ?

.............................. **Vers la rédaction** ..............................

❽ Analysez les sources du comique dans la scène 7.

❾ En fondant votre démonstration sur la dynamique des personnages (Don Juan, Sganarelle et le Commandeur), dites comment le spectateur approfondit sa vision du rôle, de la signification ou du caractère de chacun dans le contexte de l'époque.

# Molière, Dom Juan, acte V : le dénouement

**Dernier extrait, pages 120 à 125, lignes 176 à 244**

❶ Le fait que Don Juan évoque perpétuellement le ciel a-t-il de quoi étonner le spectateur ? Si oui, pourquoi ?

❷ La scène 3 fait implicitement référence au code de l'honneur de la noblesse. Que peut-on déduire des valeurs qu'il renferme et des actions qu'il justifie ?

❸ « Don Juan joue le ciel contre les hommes, il utilise la religion pour couvrir son immoralité. » À la lecture de l'extrait, cette affirmation vous paraît-elle appropriée ?

❹ Quels semblent être le rôle et les attributs de la Statue dans la pièce ?

❺ À quoi sert la dernière réplique de Sganarelle ? Justifiez autant les réponses rejetées que les réponses choisies parmi les suivantes :

- À exprimer la révolte des domestiques contre leurs maîtres au XVIIᵉ siècle.
- À traduire la solitude de Sganarelle.
- À faire compatir le spectateur.
- À appliquer la même morale tant au maître qu'au valet qui lui est associé.
- À terminer la pièce sur une note comique.
- À témoigner de la vengeance que Sganarelle exerce sur son maître.
- À résumer la pièce tout en justifiant le dénouement.

❻ Analysez le symbolisme du feu dans cette dernière scène.

❼ Montrez que l'effet tragique est en quelque sorte neutralisé à la fin, et analysez-en les conséquences sur la signification morale du dénouement.

❽ Le dénouement est habituellement le moment le plus puissant et le plus significatif de la pièce. Est-ce le cas ici? Répondez en tenant compte à la fois de l'intrigue et de toutes les autres dimensions, notamment les dimensions psychologique, sociale, idéologique et morale.

❾ Analysez cette scène dans le but de montrer qu'elle contient autant de tragique que de comique.

# L'étude de l'œuvre dans une démarche plus globale

La démarche proposée ici peut précéder ou suivre l'analyse par extrait. Elle apporte une connaissance plus synthétique de l'œuvre; elle met l'accent sur la compréhension du récit dans son entier. Les deux démarches peuvent être exclusives ou complémentaires.

Pour chacun des cinq actes de la pièce, suivez la démarche suivante, qui tient compte des composantes du texte dramatique, soit:

a) l'intrigue;

b) les personnages;

c) la thématique;

d) l'organisation, le style et la tonalité de la pièce.

# Intrigue

❶ Faites le résumé de chacun des actes de la pièce à l'aide des questions suivantes :

a) **Qui ?** c'est-à-dire quels sont les personnages en présence ?

b) **Quoi ?** Qu'apprend-on sur eux ? Que font-ils ? Quel est l'état de leurs relations ?

c) **Quand ? Et où ?** Quelle est la situation exposée et dans quel contexte ?

d) **Comment ?** Quelles relations s'établissent entre les personnages ?

e) **Pourquoi ?** Quel est l'objet de leur quête ? Quels moyens prennent-ils pour y arriver ?

# Personnages

## Les personnages principaux

❶ Au fil de la pièce, comment évoluent les personnages principaux, soit Don Juan et Sganarelle ? Quel portrait peut-on faire d'eux ?

Pour répondre à ces questions, suivez cette démarche :

a) Déduisez la description de Don Juan et de Sganarelle relativement aux aspects suivants :

- physique ;
- psychologique ;
- reliés aux valeurs associées à leur situation sociale ;
- reliés à leurs croyances.

b) Observez leur comportement, dans chaque acte, sinon dans chaque scène, à l'aide des questions suivantes :

- Que pense chacun d'eux ?
- Que disent-ils ?
- Que font-ils ?
- Comment se comportent-ils avec les autres personnages ? Où se situent-ils les uns par rapport aux autres dans leurs liens avec les autres personnages (donc tout ce qui est en rapport avec l'aspect dynamique de leurs relations) ?
- Comment évoluent-ils d'un acte à l'autre ? Qu'apprend-on de nouveau, globalement, sur eux ?

❷ Dans la conception du personnage, quel est l'effet souhaité sur le lecteur ? La réponse à cette question est particulièrement intéressante tant dans le cas du valet que dans celui du maître. Voici des sous-questions pour vous aider à raffiner votre réponse :

a) Lesquelles des caractéristiques suivantes, souvent attribuées au valet, s'appliquent à Sganarelle ?

- Aventureux et entreprenant.
- Rusé et habile, avec mille tours dans son sac.
- Impertinent et sceptique.
- Peureux et superstitieux.
- Pédant et vaniteux.

Justifiez vos choix.

b) Comment ces caractéristiques contribuent-elles à nous faire rire ? Justifiez votre réponse en vous appuyant notamment sur des scènes précises.

c) Montrez que Don Juan est à la fois un héros et un antihéros.

## Les personnages secondaires

**❶** a) Au fil de la pièce, quel rôle Molière attribue-t-il à chacun de ses nombreux personnages secondaires, soit :

Acte I : Gusman, Done Elvire
(de retour à l'acte IV) ;

Acte II : Charlotte, Pierrot, Mathurine ;

Acte III : un pauvre, Don Carlos, Don Alonse ;

Acte IV : Monsieur Dimanche, Don Louis, le père et la Statue du Commandeur ;

Acte V : La Statue du Commandeur ?

b) Quels sont les personnages qui semblent avoir été retenus pour représenter les groupes sociaux suivants ?

• Les domestiques.

• Les paysans.

• Les bourgeois.

• Les nobles.

c) Quelles valeurs de ce groupe social (honneur, intérêt pour l'argent, etc.) incarnent-ils ? Justifiez votre réponse à l'aide de citations et d'exemples.

d) Quel(s) effet(s) produit chaque personnage de la pièce sur le lecteur ? Tenez compte des possibilités suivantes et justifiez votre réponse :

• le rire ;

• l'admiration ;

• la compassion ;

• le respect ou l'indifférence ;

• le mystère ;

• la curiosité, etc.

e) Pour quelle(s) raison(s) peut-on considérer les autres personnages comme des figurants ? Quel est leur rôle, en général ?

# Thématique

❶ Parmi les éléments suivants, dégagez les réseaux thématiques (ou le thème) qui semblent prédominer dans chacun des actes de la pièce :

- liberté de pensée (libertinage des idées et des sentiments) ;
- religion, Dieu et hypocrisie ;
- amour, désir et séduction ;
- famille, noblesse et sens de l'honneur ;
- argent, matérialisme et conformisme.

Justifiez vos choix.

# Organisation de la pièce, style et tonalité

❶ Le premier acte correspond-il aux caractéristiques suivantes de l'exposition ?

- Fournir des indices sur la condition sociale des personnages et les relations entre eux.
- Situer le lieu et l'époque.
- Donner des indices sur la nature de l'intrigue.
- Appréhender la suite des événements.

Expliquez votre réponse.

❷ Où peut-on situer le nœud de l'intrigue ? Justifiez votre choix.

❸ Par rapport au dénouement :

- Peut-on dire qu'il dénoue les fils de l'intrigue ?
- Crée-t-il un effet de surprise ou était-il attendu ?

- Comment se solde la quête du héros? Don Juan est-il puni pour son libertinage ou pour son hypocrisie?

- S'agit-il d'une fin tragique ou comique?

- En tenant compte du fait que le but du théâtre, à l'époque, était souvent de «plaire pour instruire», quel plaisir procure cette fin et quel message semble s'en dégager?

❹ Bien que Molière ait lui-même classé sa pièce dans la comédie, plusieurs analystes suggèrent qu'il s'agit plutôt d'une tragi-comédie où se mélangent les genres à la mode à l'époque. Pour appuyer cette affirmation, considérez les aspects suivants:

- Dans la galerie des personnages, montrez que certains relèvent de la comédie, d'autres de la farce, et qu'un personnage apparaît plus particulièrement comme une figure tragique.

- Montrez que le contraste des personnalités du maître et du valet est en lui-même tragi-comique.

- Commentez le caractère ambigu du dénouement.

❺ Analysez les ressorts du comique dans la pièce, en prenant en considération les aspects suivants:

- le comique de situation;

- le comique de mots;

- le comique de gestes.

# Sujets d'analyse et de dissertation

**Plusieurs pistes d'analyse portant sur l'œuvre complète** sont maintenant accessibles, et certaines sont plus faciles à emprunter que d'autres. Pour favoriser votre progression vers le plan, les premiers sujets ont été partiellement planifiés (comme suggestion d'exercices : compléter ou détailler ces plans) ; en revanche, les derniers sujets laissent toute la place à l'initiative personnelle.

❶ **Démontrez que le personnage de Sganarelle est essentiel à la dynamique de la pièce.**

Esquisse de plan pour le développement.

**Introduction :**

**Sujet amené :** puisez une idée dans la biographie de Molière ;

**Sujet posé :** reformulez le sujet en situant le rôle du valet dans la pièce ;

**Sujet divisé :** prévoyez un court résumé et annoncez les idées directrices des trois paragraphes du développement.

......................................... **Développement** .........................................

- Dans le premier paragraphe, tracez un portrait du personnage.
- Dans le deuxième paragraphe, attachez-vous à la dynamique de sa relation avec son maître.
- Dans le troisième paragraphe, montrez qu'il est le principal ressort comique de la pièce.

- Idée synthèse : voyez à maintenir l'intérêt du lecteur.
- Idée ouverture : allez chercher une idée dans la description de l'époque.

**❷ Analysez l'ambiguïté dans la conception du personnage de Don Juan, à la fois grand seigneur et libertin immoral.**

Voici quelques sous-questions pour vous aider à dégager des idées directrices :

- Comment la relation avec son valet montre-t-elle la supériorité de Don Juan ?
- Quelles sont les scènes où Don Juan montre sa noblesse de naissance ?
- Comment la relation qu'il entretient avec son père montre-t-elle que Don Juan rompt avec les valeurs traditionnelles de son milieu ?
- En quoi Don Juan n'est-il pas un personnage exemplaire ?
- Que penser de la relation qu'il entretient avec les femmes ?
- En quoi le dénouement comporte-t-il une part de jugement sur lui ?

**❸ Expliquez en quoi Sganarelle et Don Juan sont parfaitement complémentaires l'un de l'autre.**

**❹ En observant la galerie des personnages, montrez que les formes de la tragédie, de la comédie et de la tragi-comédie sont toutes trois représentées dans la pièce *Dom Juan*.**

**❺ Analysez la représentation des groupes sociaux dans la comédie *Dom Juan*.**

**❻ Expliquez comment la liberté de pensée, telle qu'incarnée par Don Juan, peut à la fois scandaliser et séduire.**

❼ Montrez que le personnage de Done Elvire donne une tonalité tragique à la pièce et contribue aussi à la rendre plus complexe.

❽ Analysez l'influence respective des courants baroque et classique sur la pièce *Dom Juan*.

❾ Expliquez pourquoi la pièce *Dom Juan* est représentative de son époque tout en étant d'actualité.

# Glossaire

## Pour étudier le théâtre : lexique de base et autres termes

**Acte :** séparation du texte qui correspond à une étape du déroulement de l'action.

**Aparté :** réplique brève, adressée au spectateur et non aux comédiens sur scène.

**Burlesque :** comique outré ou parodie cocasse et familière d'œuvres nobles et sérieuses.

**Code :** système selon lequel s'organisent les signes pour constituer un langage.

**Comédie de caractère :** pièce où le comique naît d'un conflit de personnalités entre des personnages.

**Comédie de mœurs :** pièce qui se moque de traits de mentalité de l'époque.

**Comédie d'intrigue :** pièce qui met l'accent sur l'action et sur ses rebondissements.

**Commedia dell'arte :** jeu théâtral, inventé en Italie à la Renaissance, fondé sur l'improvisation d'acteurs incarnant des personnages types, un jeu physique outré, soutenu par l'usage de masques caricaturaux.

**Comédien :** être de chair qui prête ses traits au personnage. Synonyme : acteur.

**Confident :** dans le théâtre classique, personnage à qui le héros se confie, permettant ainsi au spectateur de connaître les intentions secrètes de ce dernier.

**Cynisme :** expression brutale d'affirmations immorales.

**Dénouement :** résolution d'une situation nouée par une série de péripéties.

**Didascalies :** indications scéniques qui incluent tous les renseignements à l'intention des comédiens et du metteur en scène, non destinés à être dits sur scène, comme la liste des personnages et la description des décors (ces indications scéniques apparaissent généralement en italique dans le texte). Plusieurs didascalies précisent les intentions de l'auteur quant à la version sur scène. L'étudiant doit en tenir compte au moment de l'analyse.

**Élément perturbateur :** événement qui modifie l'équilibre d'une situation et permet le démarrage de l'action qui sera l'objet d'une narration.

**Enjeu :** ce que l'on peut gagner ou perdre dans une action.

**Exposition :** scène d'ouverture, qui a généralement pour fonction de situer le spectateur par rapport aux éléments suivants : le contexte spatio-temporel de l'action, la condition sociale des personnages et les liens qu'ils ont entre eux, la situation initiale et, souvent aussi, un élément perturbateur qui rompt l'équilibre de départ.

# Glossaire

**Fausse sortie:** procédé utilisé au théâtre pour créer un effet ou une péripétie; retour inattendu d'un personnage.

**Féodalisme:** système politique et social fondé sur un rapport de dépendance du vassal au seigneur.

**Figurant:** personnage au rôle effacé, qui n'intervient pas de façon significative dans le cours de l'action.

**Finalité:** but, objectif.

**Héros:** personnage principal du texte. Peut aussi être appelé « protagoniste ». (Note: noble déchu, Don Juan est un héros paradoxal puisqu'il est impossible de le donner en exemple.)

**Ironie:** figure de style où l'on exprime l'inverse de ce que l'on pense, de façon cependant que l'interlocuteur voie qu'il y a moquerie.

**Metteur en scène:** celui qui est responsable de l'organisation de la représentation, soit tout ce qui concerne le choix et la direction des comédiens, et la scénographie.

**Monologue:** longue tirade où un personnage s'adresse à lui-même. Toute une scène peut être constituée d'un monologue (ou d'un soliloque).

**Nœud:** cœur de l'intrigue, point culminant de l'action.

**Oratoire:** caractéristique stylistique d'un discours.

**Pathétique:** registre ou tonalité, ensemble des procédés utilisés pour émouvoir le destinataire.

**Péripétie:** rebondissement de l'action.

**Personnages secondaires:** êtres de fiction et participants significatifs de l'intrigue; ils assument de façon transitoire une des fonctions du schéma actanciel, soit destinateur ou destinataire, adjuvant ou opposant, et sont plus rarement l'objet de la quête.

**Polémique:** tonalité liée à un débat d'idées vif et agressif.

**Précieux:** caractéristique d'un courant social et littéraire du début du XVIIe siècle, orienté vers le raffinement des mœurs et du langage.

**Procédé stylistique:** travail sur la forme du message visant à en renforcer le sens.

**Progression dramatique:** organisation des événements qui permet à une situation de se nouer et de se dénouer.

**Protagoniste:** personnage d'une pièce de théâtre ou impliqué dans l'action d'une œuvre de fiction.

**Registre (ou tonalité):** ensemble des caractéristiques d'un texte visant à créer une réaction émotionnelle particulière chez le destinataire.

**Réplique:** élément d'échange verbal au théâtre.

# Glossaire

**Satirique :** tonalité, ensemble de procédés visant à critiquer en soulignant les défauts de façon caricaturale.

**Scène :** subdivision de l'acte fondée sur un changement d'acteur.

**Situation initiale :** situation existant depuis un certain temps au point de départ d'une narration et dont la modification va entraîner un enchaînement de péripéties.

**Surnaturel :** qui ne peut s'expliquer de façon naturelle.

**Tirade :** longue réplique.

**Tonalité :** voir Registre.

**Tragi-comique :** propre à la tragi-comédie, genre dramatique sérieux.

**Valet :** personnage archétypal de la farce et de la comédie ; il occupe la relation ambivalente du valet face au maître. Il est souvent affublé des défauts que la noblesse prête aux gens du peuple.

---

**À noter :** dans la dramaturgie classique, les répliques des tragédies et des grandes comédies de Molière sont versifiées et adoptent la forme de l'alexandrin (vers de 12 syllabes). Si le texte est en prose, il s'agit alors d'une comédie ou d'une farce. Les didascalies (indications scéniques) s'avèrent généralement peu nombreuses, car l'art de la mise en scène n'est pas encore très développé à l'époque.

# Bibliographie, filmographie

## Bibliographie

### Ouvrages sur Molière et son œuvre

- Georges Forestier, *Molière*, Bordas, coll. « En toutes lettres », 1990.
- O. Mongrédien, *La Vie privée de Molière*, Hachette, 1992.
- M. Vernet, *Molière côté jardin, côté cour*, Nizet, 1991.

### Ouvrages sur le *Dom Juan* de Molière

- Yves Stalloni, *Dom Juan de Molière*, le défi, Ellipses, 1981.
- Olivier Leplâtre, *Étude sur Molière*, Dom Juan, Ellipses, coll. « Résonances », 1998.

### D'autres *Dom Juan*

- Tirso de Molina, *El Burlador de Sevilla*, trad. P. Guenoun, Aubier-Flammarion, 1968.
- Mozart, *Don Juan*, L'avant-scène opéra n° 24.
- Henri de Montherlant, *Dom Juan ou la mort qui fait le trottoir*, Gallimard, coll. « Folio », 1972.

### Ouvrages sur le mythe de *Dom Juan*

- Axel Preiss, *Le Mythe de Dom Juan*, Bordas, coll. « Thèmes littéraires », 1985.
- Jean Rousset, *Le Mythe de Dom Juan*, Colin, coll. « U prisme », 1985.

### Pour mieux comprendre *Dom Juan*

- Molière, *Le Tartuffe*, 1664.
- Pascal, *Les Provinciales*.
- La Bruyère, *Les* Caractères, 1688.

## Pour mieux comprendre le XVII<sup>e</sup> siècle

–Pierre Goubert, *Louis XIV et vingt millions de Français*, Fayard, 1966.

–Frédéric Delouche, sous la direction de. *Histoire de l'Europe*, Hachette, 1997.

## Pour mieux comprendre la littérature au XVII<sup>e</sup> siècle

–Daniel Couty, *Histoire de la littérature française*, Larousse, 2002.

–Xavier Darcos, *Histoire de la littérature française*, Hachette, coll. « Faire le point », 1992.

–Fanny Marin, *Les mouvements littéraires du XVI<sup>e</sup> au XVIII<sup>e</sup> siècle*, Hatier, coll. « Profil/Histoire littéraire », 2001.

–Jean Rohou, *Le Classicisme*, Hachette, coll. « Les fondamentaux », 1996.

–Céline Thérien, *Anthologie de la littérature d'expression française, des origines au romantisme,* tome 1, 2<sup>e</sup> éd., Les Éditions CEC, 2006.

–Jean-Marie Thomasseau, *Drame et tragédie*, Hachette, coll. « Contours littéraires », 1995.

–Philippe Van Tieghem, *Les grandes doctrines littéraires en France*, 2<sup>e</sup> éd., PUF, coll. « Quadrige », 1993.

# Filmographie

–*Don Giovanni*, Joseph Losey (adaptation de l'opéra de Mozart, Da Ponte, 1980).

–*Le Roi danse*, Gérard Corbiau, 2000.

–*Molière* d'Ariane Mnouchkine, 1978.

–*Dom Juan*, Marcel Bluwal (adaptation pour la télévision), 1965.

–*Molière*, Laurent Tirard (avec Romain Duris dans le rôle de Molière), 2007.

## Cassettes audio

– *Don Juan* à la Comédie-Française, mise en scène Francis Huster, cassettes Radio France.
– *Don Juan* au TNP (mise en scène de Jean Vilar), cassettes Hachette-Audivis.

## Crédits photographiques